中央高校基本科[研]
Fundamental Researc[h]

本书得到2014年度教育部[人文社科项目资助]
（项目批准号：14YJC79005[）]

宏观视角的会计盈余信息含量：基于政府主导型经济体的实证研究

黄益建 著

会计信息是宏观经济分析与产业和区域分析中所需原始数据的重要组成部分。会计盈余对宏观经济预测有增量预测价值吗？会计盈余信息对理解GDP增长、投资率、就业等是否具有信息含量？

中国财经出版传媒集团
经济科学出版社
Economic Science Press

图书在版编目（CIP）数据

宏观视角的会计盈余信息含量：基于政府主导型经济体的实证研究/黄益建著. —北京：经济科学出版社，2020.9

ISBN 978-7-5218-1892-5

Ⅰ.①宏… Ⅱ.①黄… Ⅲ.①会计信息-关系-就业-研究-中国 Ⅳ.①F230②D669.2

中国版本图书馆 CIP 数据核字（2020）第 176916 号

责任编辑：陈赫男
责任校对：杨　海
责任印制：李　鹏　范　艳

宏观视角的会计盈余信息含量：基于政府主导型经济体的实证研究
黄益建　著
经济科学出版社出版、发行　新华书店经销
社址：北京市海淀区阜成路甲 28 号　邮编：100142
总编部电话：010-88191217　发行部电话：010-88191522
网址：www.esp.com.cn
电子邮件：esp@esp.com.cn
天猫网店：经济科学出版社旗舰店
网址：http://jjkxcbs.tmall.com
北京季蜂印刷有限公司印装
710×1000　16 开　9.5 印张　150000 字
2020 年 10 月第 1 版　2020 年 10 月第 1 次印刷
ISBN 978-7-5218-1892-5　定价：42.00 元
（图书出现印装问题，本社负责调换。电话：010-88191510）
（版权所有　侵权必究　打击盗版　举报热线：010-88191661
QQ：2242791300　营销中心电话：010-88191537
电子邮箱：dbts@esp.com.cn）

前　　言

　　会计盈余信息含量是会计学的核心研究领域，而宏观视角的会计盈余信息含量则是研究前沿。本书提出的理论框架以会计盈余和国内生产总值（GDP）的关系、货币影响、通货膨胀影响和实体经济效应为研究的四个视角，分析会计盈余对宏观经济（指标）影响的理论依据和路径，检验宏观层面的会计盈余信息含量。理论框架将启发学术研究，本书的理论框架提出了需要重点回答的四个问题：第一，会计盈余对 GDP 具有增量预测价值吗？政府主导型经济对宏观层面的会计盈余信息含量会产生影响吗？第二，在货币供给管制的环境下，会计盈余对货币供给和市场利率有影响吗？第三，在货币供给管制的环境下，会计盈余对通胀预期的影响是怎样的？第四，从实体经济的影响路径来检验，宏观层面的会计盈余信息含量是如何呈现的？

　　微观会计与宏观经济存在着显著的交互关系。姜国华、饶品贵（2011）提出以宏观经济政策与微观企业行业互动为基础的会计与财务研究框架，并以货币政策对经营业绩的影响为例说明了会计与财务研究可能产生的影响，证明了宏观经济政策和微观企业行为间有着循环互动的作用。本书系统分析了微观会计与宏观经济之间的交互影响，梳理了微观会计对宏观经济影响的路径、逻辑和中间因素，以及宏观经济对企业、对会计和对会计职业的影响。

　　会计盈余对于宏观经济预测有增量预测价值吗？这一问题引起了一批权威学者（以 Kothari、Ray Ball、Skinner 等为代表）的高度重视，形成了会计盈余信息含量的当前研究前沿，即从宏观层面研究会计盈余对宏观经济的影响与预测价值。为此，本书梳理和归纳了会计盈余与宏观经济相关性研究的文献。

　　本书检验了会计盈余与 GDP 的关系，以 A 股上市公司为微观会计盈余数据基础，研究了会计盈余对于以 GDP 为代表的宏观经济变量的预测价值。数据显示，会计盈余与 GDP 和 GDP 增长率都存在显著的相关性，对于预测 GDP 未来一至四季度的变化都有增量预测价值。会计盈余与 GDP 的相关性受到政府财政干预的影响，会计盈余解释变量的显著性在不同模型中会产生一定的变化。季度和年度数据都显示会计盈余与国家 GDP 显著正相关。政府的 GDP 目标对下一期的实际 GDP 结果会产生显著影响，存在显著正相关关系。

本书检验了上市公司会计盈余与宏观经济投资率的关系，会计盈余既会影响宏观层面的经济活动，也会影响宏观经济投资率。在企业层面，会计盈余的增长会影响企业的资本支出和研发支出，进而影响企业总资本支出和企业总研发支出。在宏观层面，企业部门的总资本支出和总研发支出，会直接形成投资率的增长。数据显示，会计盈余与投资率显著相关。而在政府干预因素中，预算干预与投资率显著正相关，支出干预与投资率显著正相关，与投资总额显著负相关。人均 GDP 因素和城市化率也会显著影响宏观经济的投资总额和投资率。同时，本书研究发现，第 q 期的汇总会计盈余增长率对 q+2、q+3 期的企业家信心指数增长率有显著正影响，且 K=2 时的系数最大，其对 q+1 期和 q+4 期的企业家信心指数增长率的影响不显著。在进一步的研究中，本书引入了 GDP 同比增长率、通货膨胀率、股指同比增长及银行间拆借利率，验证了它们对企业家信心指数的预测效应。市场化水平和法律环境会影响和降低会计盈余对投资总额的影响和反映。

本书检验了会计盈余与就业数据的关系，以 A 股上市公司为微观会计盈余数据基础，从观察社会就业的角度，研究了会计盈余的信息含量。数据显示，总体会计盈余具有一定的宏观信息含量，总体会计盈余增长与就业水平显著正相关。在企业层面，会计盈余提升了企业部门的资金实力，推动了盈利和行业前景的乐观估计，可能直接带动所有经济组织的资本支出、研发支出、人员聘用，推动雇员需求增长。在宏观层面，企业部门的总资本支出和总研发支出，会直接形成就业增长。此外，本书研究发现，在控制了经济增长、固定投资、财政支出等控制因素后，上市公司盈余增长离差与城镇真实失业率有着显著的正相关关系，这表明了上市公司会计信息具有宏观预测的作用。更进一步的研究发现，私有部门比公有部门对于城镇真实失业率的影响更为显著，劳动密集部门比非劳动密集部门对城镇真实失业率的影响更大，且都为正相关关系。

目 录

第一章 微观会计与宏观经济的交互影响：概述 ………… 1

    第一节 引言 ……………………………………………… 1
    第二节 宏观经济对微观会计的影响 …………………… 2
    第三节 微观会计对宏观经济的影响 …………………… 9

第二章 微观会计信息与宏观经济变量：一个文献述评 ……… 16

    第一节 会计盈余信息有用性的相关研究 ……………… 16
    第二节 会计盈余与市场回报的相关研究 ……………… 18
    第三节 会计盈余与宏观经济因素的相关研究 ………… 19
    第四节 宏观经济与微观会计的相关研究 ……………… 21

第三章 会计盈余信息含量的宏观视角研究：
         一个理论框架 ……………………………………… 23

    第一节 引言 ……………………………………………… 23
    第二节 理论发展脉络 …………………………………… 24
    第三节 理论依据 ………………………………………… 26
    第四节 经济实践基础 …………………………………… 28
    第五节 一个理论框架 …………………………………… 30

第四章 会计盈余与GDP：政府主导型经济体的
         经验研究 …………………………………………… 43

    第一节 引言 ……………………………………………… 43
    第二节 文献回顾 ………………………………………… 43
    第三节 理论分析与研究问题 …………………………… 46

第四节　研究设计 …………………………………………… 48
　　第五节　实证分析 …………………………………………… 50
　　第六节　结论 ………………………………………………… 61

第五章　实体经济效应：上市公司会计盈余与宏观
　　　　经济投资率 ………………………………………………… 63
　　第一节　引言 ………………………………………………… 63
　　第二节　文献回顾 …………………………………………… 64
　　第三节　理论分析与研究假设 ……………………………… 66
　　第四节　研究设计 …………………………………………… 70
　　第五节　实证分析 …………………………………………… 75
　　第六节　结论 ………………………………………………… 85

第六章　会计盈余与企业家视角下的宏观经济 ………………… 86
　　第一节　引言 ………………………………………………… 86
　　第二节　文献回顾 …………………………………………… 87
　　第三节　理论分析与研究假设 ……………………………… 90
　　第四节　研究设计 …………………………………………… 91
　　第五节　实证分析 …………………………………………… 95
　　第六节　结论 ………………………………………………… 99

第七章　实体经济效应：会计盈余与就业增长 ………………… 100
　　第一节　引言 ………………………………………………… 100
　　第二节　文献回顾 …………………………………………… 101
　　第三节　理论分析与研究假设 ……………………………… 105
　　第四节　研究设计 …………………………………………… 107
　　第五节　实证分析 …………………………………………… 110
　　第六节　结论 ………………………………………………… 119

第八章　企业利润增长离差是否能预测失业率 ………………… 121
　　第一节　引言 ………………………………………………… 121
　　第二节　理论分析与研究假设 ……………………………… 122
　　第三节　数据来源与分析 …………………………………… 124

第四节　研究设计 …………………………………………… 129
第五节　实证分析 …………………………………………… 131
第六节　结论 ………………………………………………… 134

参考文献 ……………………………………………………… 135

第一章

微观会计与宏观经济的交互影响：概述

第一节 引 言

随着世界经济的发展和会计制度的不断完善和改进，国内外学者都逐渐意识到会计与经济发展之间存在着密不可分的关系。企业的会计制度无时无刻不受其所处的宏观经济环境影响。同时，企业又是构成宏观经济的微观主体，会计制度通过对企业财务行为的规范，间接地影响着宏观经济。

本章系统地分析和梳理了宏观经济与微观会计之间的交互影响和研究视角，主要包括宏观经济对企业、会计和会计职业的影响以及微观会计对宏观经济影响的路径、逻辑和中间因素。分析和梳理的逻辑思路如图1-1所示。

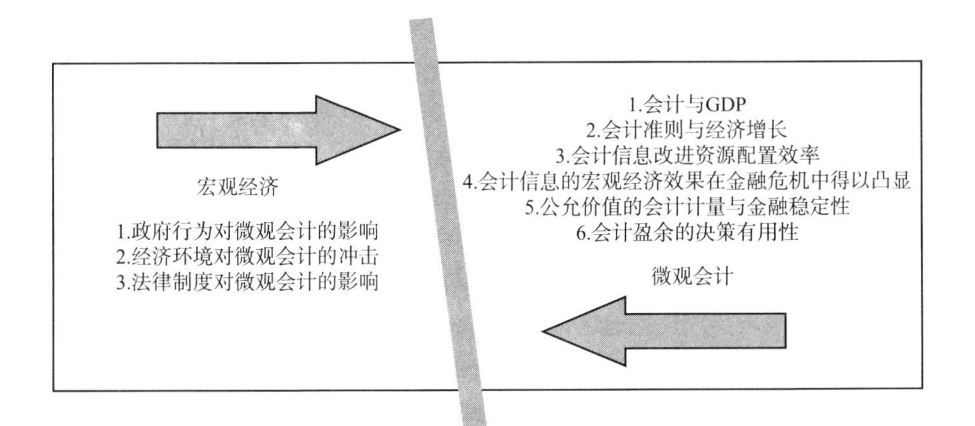

图1-1 本章框架和思路

第二节　宏观经济对微观会计的影响

一、政府行为对微观会计的影响

政治环境是指一个国家在一定时期内的各项路线、方针、政策和整个社会的政治观念。政治因素是社会生活的主要决定力量，它对会计的影响是直接的和具体的。一个国家政治制度的不断完善，将大大推动其经济制度的发展，并直接影响会计管理的改进和整体会计水平的提高。

不同国家的政治制度、政治体制决定了会计的不同模式。政府工作重心的转移决定了不同时期会计工作的特征。即使是在实行三权分立政治制度的西方，由于政治路线、政治思想的不同，各国的会计理论研究与会计事务也存在一定的差异。

英国与美国倡导自由，社会生活的各个方面均以市场为导向，强调政府的不干预。反映在会计上，体现为会计应从实用主义出发，立足于优化企业的商业活动。他们认为会计的目标是保护债权人、投资者利益；会计信息应以真实、公允、实用为基本质量要求；对会计的管理以民间职业团体制定和颁布的会计准则为约束规范；在会计理论研究上，强调以完整的会计概念体系作为会计学科独立发展的理论基础。

在同样实行三权分立制度的荷兰，其会计定位则是以服务企业经营管理为核心。他们认为会计的目标是维护企业利益，为企业经营管理提供全方位服务，必须使投入企业的资本保值保增。

而在我国，会计制度要求我们在科学的世界观和方法论的指导下，运用马克思主义哲学唯物论和辩证法研究会计，强调会计是国家和政府控制和管理经济的有效工具。所以在我国会计实务中，由政府制定和颁布详细而具体的会计制度，并将有关经济政策融入其中，以统一性和标准化作为会计信息的基本质量要求。

国家的政治制度约束着会计组织制度建设、会计理论研究和会计教育。不同国家的政治制度、政治体制决定了会计的不同模式。政治制度的变革与发展必然引起会计相应的变革和发展，任何一种社会制度均要求会计首先为本制度服务（李双龙、李桂英，2011）。

1. 政治与会计制度。

政府在经济管理中发挥的作用大小决定了其在会计制度制定中所担任的角色，同时决定了会计制度的实施力度。在计划经济体制下，政府部门制定发布会计制度，相比于市场经济体制，政府对企业会计的约束更多，会计实务也趋向统一性和标准化。同时，强调公共福利和计划指导的政府，也要比主张自由放任、完全竞争的政府更多地参与会计实务，主张实施统一的会计制度。例如，法国政府推行的会计总方案就与英美等国家由私人机构制定的会计准则有所不同。

近年来，随着会计制度不断变革和发展，关于会计制度的变迁动因、设计机理和设计模式的研究逐渐丰富起来。吉林（Gilling，1976）、廷克（Tinker，1982）研究了思想体系对会计制度的影响；劳克林（Laughlin，2007）分析了会计制度制定与会计工作参与者之间的关系，指出政府在会计制度的变迁和设计中占主导地位，它可以半自由地允许会计学术团体进行制度的设计，也可以选择独裁。不同国家的学者也都根据本国会计制度发展的特点，进行了相关研究。例如，阿什拉夫和加尼（Ashraf and Ghani，2005）研究了巴基斯坦的政治、法律、文化、教育对会计制度发展的影响，以及国际会计准则对国家经济发展的积极作用；阿克拉（Akra，2009）探讨了文化、经济、社会等因素对约旦会计制度发展的影响。同样，理论界也出现了一些针对中国的会计制度设计和变迁动因的探讨。弗里德曼（Freedman，2004）认为政府既是"竞赛规则"的制定者，又是解释规则的裁断者。鉴于中国经济环境和社会制度的特殊性，学者们普遍认为，是政府主导了会计政策的制定和变革。林和冯（Lin and Feng，2001）以问卷的形式实证研究了自新中国成立以来的会计制度设计模式——政府设计主导模式，以及计划经济向市场经济转变过程中会计制度的各阶段变迁情况；埃扎梅尔（Ezzamel，2007）指出了毛泽东和邓小平时代不同思想体系对会计模式存在的影响；李连军（2007）认为我国会计制度的变迁是一种由政府财政部门主导的强制性制度变迁，目的是建立一套适应社会主义市场经济要求的、与国际惯例充分协调的会计准则。

尽管各个国家制定会计制度的机构不同，但是法制化、透明化和高效率的政府行为都会推动会计制度的不断完善。例如，美国的会计准则是由民间机构财务会计准则委员会（FASB）制定的，但同时要受到政府部门证券交易委员会（SEC）的监管。近年来发生的会计丑闻引发了美国对会计监管的重新审视，政府迅速出台了《萨班斯—奥克斯莱法案》，对《美国1933证券法》《美国1934证券交易法》做出修订，并在会计师行业监管、公司治理、证券市场监管等方面提出了更加严格的要求。新法案要求证券交易委员会就美国是否采取原则导向会计准则来代替规则导向会计准则进行调查研究，证券交易委员会向社会征求意见，并召开圆桌会议讨论（刘明辉、薛清梅，2004）。

政治环境的改变将导致会计制度的变迁。近年来，各种政治力量的出现和日益强大导致新的利益相关理论诞生。新理论认为企业管理的重点不再是以资本为核心，而要关注所有的利益相关者，因此，会计制度的内容也应作出相应的改变。例如，欧洲一些国家要求或鼓励企业编制增值表和社会资产负债表、日本要求编制环境会计报表。政治环境的改变可能影响一国会计模式的发展方向。例如，俄罗斯在市场经济建设过程中，全盘推翻过去的统一会计制度，并决定完全接受国际会计准则。通常来说，经济转轨国家的政府在推动市场化方面起着至关重要的作用，因此会计制度的建立与执行也受到政府行为的重要影响（刘明辉、薛清梅，2004）。

2. 政府干预与会计盈余。

任何一种政治制度下的统治阶层，都可以通过一系列政治环境和法律手段来约束经济活动，调整各种经济利益。会计作为维护各种经济利益的一种活动，就必须对之作出反应。例如，政府对企业会计的约束在计划经济体制下比在市场经济体制下要多。政府的治理行为会对企业行为产生影响，包括对企业绩效、公司治理、会计信息披露以及控制权市场等方面的影响。陈信元和黄俊（2007）研究发现，政府直接控股的上市公司更容易实行多元化经营，而且在政府干预经济越严重的地区，这种现象越为明显。杨治（2009）研究表明，集体企业内的政府控制能够帮助企业维持较低的生产采购成本，但同时伴随着较高的管理费用和财务费用。刘凤委等（2007）认为，我国转轨经济环境下的政府干预和竞争环境将导致高激励强度的薪酬合约并非是最优选择。

政府干预会影响企业的并购行为。李增泉（2005）研究发现，上市公司对非上市公司的并购是地方政府支持或掏空上市公司的一种手段，支持是为了帮助其满足监管部门对再融资的管制要求，而掏空则属于利益侵占行为。潘红波和余明桂（2011）研究了政府干预对于企业并购决策的影响，支持了地方政府扶持影响企业并购行为的观点。相较于非国有控股公司，国有控股公司受到政府干预更多，大股东通过各种方式，如资金侵占、担保、关联交易等，侵占上市公司和中小股东利益的情况也更常见

（李增泉、孙铮、王志伟，2004；周勤业、夏立军、李莫愁，2003；Jian and Wong，2004），而在出现上述情况以后，由大股东控制的上市公司必然在会计信息披露质量方面受到影响（周中胜和陈俊，2006）。相较于国有控股公司，非国有控股公司大股东的行为受到更多的约束，此时，上市公司有动机提高会计信息的透明度，从而向市场传递良好的信息。

政府干预会影响企业的投资行为。杨华军和胡奕明（2007）研究发现，地方政府控制和地方政府干预将显著提高企业自由现金流的过度投资行为。而陈（Chen，2010）的研究表明，政府干预对于地方国企的投资效率具有不利影响，具体体现为企业投资对于投资机会的敏感性较低。税收是政府对经济进行宏观调控的重要手段，税收宏观调控有助于政府各项目标的实现，地方政府为帮助上市公司在资本市场中争夺资源，通过税收优惠和财政补贴，积极参与上市公司的盈余管理的行为（陈晓、李静，2001）。此外，地方政府为了地方经济发展，在帮助上市公司达到证监会的管理标准方面、流动性管理方面以及政策性负担方面都有显著影响（Jian and Wong，2010；陈德球，2011；曾庆生、陈信元，2006）。在公司价值方面，夏立军和方轶强（2005）研究发现，地方政府控股（尤其是县级和市级政府控股）对公司价值具有负面效应。

二、经济环境对微观会计的冲击

1. 经济环境对会计对象的冲击。

会计对象是指会计核算和监督的内容。具体来说，会计对象是指企事业单位在日常经营活动或业务活动中所表现出的资金运动，即资金运动构成了会计核算和会计监督的内容。在知识经济时代，对会计对象的冲击具体体现在对会计要素的冲击。随着社会经济环境的变化，产生了新的经济关系和经济现象。在最近几十年内，由于人们对物价变动、企业破产、社会责任、公司税务等因素高度关注，会计把这些内容纳入了自己的核算范围，研究如何反映，怎样计量，并在此基础上分化出通货膨胀会计、清算会计、社会责任会计和税务会计等。例如，在知识经济条件下，知识资源和人力资源成为公司最重要的资源，企业的无形资产在整个资产总额中的份额将大大超过有形资产。因此，资产的定义必须进行修改以适应经济环境的变化。1998年发布并于2001年、2006年修订的《企业会计准则——债务重组》，1999年发布并于2001年、2006年修订的《企业会计准则——非货币性交易》，2006年发布的《企业会计准则第22号——金融工具确认和计量》等若干具体准则的发布与实施，也都是对经济环境变化的适应。

2. 经济环境对会计目标的冲击。

会计目标是指会计工作运行的基本导向和最终归属。会计目标活动于社会经济环境这个多维空间中，必然要和该时期的总体经济环境相适应。不同社会经济发展阶段的经济环境是不同的，因而会计目标也会不同，离开经济环境来确定会计目标是不切实际的。会计目标又主要是以会计准则等方式表现出来的，经济越发展，对会计理论和会计准则等相关的会计知识要求越来越高、越来越严格（何佳样，2012）。同时不同的经济体制下所产生的会计准则的确存在较大的差异。

3. 经济环境对会计计量的冲击。

会计计量是用货币或其他量度单位计量各项经济业务及其结果的过程。其特征是以数量（主要是以货币单位表示的价值量）关系来确定物品或事项之间的内在联系，或将数额分配于具体事项。当币值稳定时，在历史成本计价原则下，会计核算资料具有较高的可靠性。但如果物价波动幅度较大，尤其是在恶性通货膨胀时期，按历史成本原则计量期末资产以及本期取得的净收益，所提供的会计信息就难以被物价处于变动的市场和经营环境所接受。在这种情况下，企业应以什么为计量依据对外报告其资产、负债等价值数据，以什么为依据确定因物价变动对净收益的影响，从而正确确认本期的实际净收益，就成了会计理论和实践中不可回避的问题（李立，2006）。

从我国的会计实践来看，历史成本计量属性长期以来一直占据主导地位。随着我国资本市场的发展和股权分置改革的基本完成，融资手段日益丰富，越来越多的股票、债券、基金等金融产品在交易所挂牌上市。一方面，这类金融资产的交易已经形成了较为活跃的市场，交易中的价格受多种因素影响而不断波动。另一方面，我国资本市场呈现出投资主体多元化、股权分散化的特点。面对复杂多样的会计信息使用者，我国的会计实践在探索中逐步引入了公允价值等计价方法，至此实现了与国际财务报告准则的趋同。

4. 货币政策对微观经济的冲击。

货币政策是国家调节宏观经济的重要手段。货币政策是中央银行通过调节利率、货币供应量等中介目标变量来调整微观主体的行为，最终影响经济产出来达到设定的最终目标。政府通过货币政策对现有的宏观经济状况进行调整，而这种经济环境的变化又将在一定程度上影响到会计政策与企业的会计实务。

大量研究表明，利率、货币供给、银行信贷等金融环境的不确定性会影响企业的投资、融资行为（Beaudry，2001；Mojon，2002；Korajczyk and Levy，2003；Ghosh and Sensarma，2004；Atanasova and Wilson，2004；Levy and Hennessy，2007）。姜国华、饶品贵（2011）就指出在宏观经济发展过程中提出的宏观经济政策，如经济周期、财政政策、货币政策、信贷政策、汇率政策、经济管制和产业政策等会通过影响经济前景、资本成本和信息环境来影响企业的会计政策。博德利（Beaudry，2001）发现，企业的投资行为在面对由于货币政策频繁变动带来的不确定性时趋向一致。科汉和瓦茨（Khan and Watts，2009）认为企业与投资者之间的信息不对称程度会随着企业面临信息不确定程度的增加而加大。拉芳和瓦茨（Lafond and Watts，2008）研究发现企业在面临信息不对称时将会提高会计的稳健性。泰勒（Taylor，1995）认为有大量证据能够证明利率对投资和消费支出的影响主要是通过改变微观主体的融资成本。我国的研究证据表明，上市公司会通过各种方式规避和应对货币政策带来的不确定性（祝继高、陆正飞，2009；饶品贵、姜国华，2010；饶品贵、姜国华，2011；王铭利，2012），例如，企业并购活动受宏观金融变量影响（唐绍祥，2007；傅传锐，2012；刘淑莲等，2012），企业的投资行为受到融资的约束（冯巍，1999；全林，2003；何金耿、丁加华，2001；魏峰、刘星，2004；连玉君、程建，2007；童盼、陆正飞，2005）。

三、法律制度对微观会计的影响

政府是社会经济的宏观管理者，维护市场经济秩序是政府应尽的责任和义务。市场经济是法制经济，在市场经济条件下，政府维护市场经济秩序不是直接去干预市场主体的行为，而是通过制定有关的法律、法规、制度及方针政策进行的，这包括会计方面的法律、法规、制度及方针政策。会计准则制定者将会计准则定位为公司向外部的资本提供者和其他利益关系人提供的，报告公司财务状况和交易经营业绩方面信息的，成本相对低廉且可信的手段（Healy and Wahlen，1999）。如果会计准则能够使财务报表以及时可信的方式有效地描述各公司经济状况和经营业绩的差异，从而促进资源的有效配置和利益关系人的有效决策,则会计准则的价值将增加。我国目前的财务、会计、税收制度的变革都会直接导致会计模式的转换,而且政府会通过制定和颁布一系列的经济法律和法规来规划会计活动。

由于我国证券市场上信息披露违法违规现象不断,为了更好地保护投资者,改善上市公司的治理结构,提高上市公司质量,创造更加公平、公正和公开的市场环境,监管部门在受理审核证券融资时也会对信息的质量特别是会计信息的质量给予充分的关注。在其他条件相同或相近的情况下,会计信息透明度越高的公司,越有机会获取股权融资(或再融资)的机会。陈和袁(Chen and Yuan, 2004)的研究就发现中国证监会对于拟增发新股(Seasoned Equity Offering, SEO)公司的审批许可与其盈余管理程度显著负相关。

不同的法律体系产生于不同的社会发展背景,并且对会计各个领域有不同的影响。

1. 原则导向与规则导向。

就其一般意义上讲,原则是指给出一些道理和逻辑,具体情况具体分析;规则是指用条文的形式来规范社会生活,什么样的情况该怎样进行处理,都有相应具体条款予以指导。将这一概念套用到会计上来,原则导向是指在制定会计准则时倾向用简单、明了的原则来指导会计业务的核算;规则导向是指在制定会计准则时倾向于用详细、复杂、明确的规定,来规范会计业务的核算。可以看出,原则导向的会计准则在很大程度上与普通法系相似,制定简单的会计原则,需要依靠会计人员自己的判断;而规则导向则与大陆法系相似,会计准则制定的准确详尽,尽可能考虑到可能发生的各种情况,减少会计人员自己的职业判断。

2. 会计准则的制定模式。

会计准则的制定模式有三种:官方、半官方与民间。大陆法系的国家主要都是官方或者半官方模式,即完全由政府制定会计准则,使其成为国家法规的一部分,或者由政府组织领导,吸收民间人士共同制定。普通法系国家则多采用民间制定模式,即由民间组织制定,但是官方以不同形式予以支持。对这种现象的一种解释是:大陆法系国家采用法典形式,期望将各种法律、规章与制度都纳入一个统一而有序的体系,而会计准则作为一种重要的职业准则,对社会经济有重要影响,政府自然希望在它的制定过程中起着控制或者领导地位,以贯彻国家意志,减少会计人员的职业判断;普通法系的立法传统就是制定一些原则性规定，充分发挥职业人员的专业判断。这种习惯如果延伸到会计准则的制定上，就很好理解为什么普通法系国家的会计准则多由民间机构制定，而政府只是在其中起支持作用。

3. 对会计信息披露的影响。

大陆法系国家由于在会计准则的制定过程中渗入了更多的国家意志，所以多采用比较稳健的会计准则，通过各种备用金的计提与运用来平滑各期收益，以保证企业的稳定发展。普通法系国家则更多地考虑投资人的利益，包括股权投资人和债权投资人，由于这些投资者不参与公司的具体运营，处于信息弱势一方，所以国家在法律上给予他们更多的保护，要求企业最大限度地公开会计信息，使投资者能够更好地了解企业的财务状况与未来发展潜力，以利于投资者作出正确的判断。

4. 对从业人员的素质要求。

很容易判断，普通法系国家的会计从业人员在客观上需要具备更高的素质。因为原则导向的会计准则要求有更多的职业判断以及在会计监督上主要依赖于民间团体，这必然要求会计人员要有很高的专业素质，才能做出正确的判断和行业自律。因此，会计师才和医生、律师一起被列为美国三大高收入的职业。而大陆法系国家的会计准则因为多为规则导向，会计工作的方方面面都可以对号入座，不要求会计人员有太多的职业判断，因此客观上并不要求会计人员有很高的素质。但是随着经济竞争的加剧，以及一些国家对会计从业人员资格的限制，许多大陆法系国家对会计人员的素质也有很高的要求。

第三节 微观会计对宏观经济的影响

一、会计与GDP

首要的分析切入点是宏观经济中最具代表性和权威性的指标——GDP。GDP是指一国在一年内所生产的最终物品和劳务的总价值，是一个衡量国民经济发展总体情况的综合指标，也是目前为止国际上通用的最重要的综合指标。其核算方式基本上是按照国际通用的核算原则将各种类型的资料加工计算，得出年度GDP数据或其他需要使用的GDP相关数据。

它的资料主要来源于三个方面：一是统计资料，包括国家统计局调查的统计资料，如农业、工业、建筑业、批发零售业、住宿餐饮业、固定资产投资、劳动报酬、价格指数、居民住户收入和支出、服务业抽样调查等统计资料；以及国务院有关部门的统计资料，如交通运输、货物和服务进出口、国际收支统计资料等。二是行政管理资料，包括财政收入和支出决算资料、税收收入和税务登记资料等。三是会计决算资料，包括银行、保险、航空运输、铁路运输、邮电通信系统的会计决算资料等。

从核算GDP资料的来源看，GDP与会计的确存在非常密切的关系。特别是核算GDP资料来源的第三个方面，直接就是会计决算资料。而在第一、第二方面中，不管是国家统计局或国务院有关部门的统计资料还是行政管理资料，其来源的根本也是由无数的会计记录汇总而成的，所以可以认为，GDP是建立在会计资料基础之上而来的。甚至从发布GDP的主体政府来看，该主体政府本身就是承担受托责任的会计主体，负有披露其会计信息的义务，而GDP数据的公布就是这种义务的一种体现。如果说政府的会计信息是政府会计信息系统收集整理的有关政府财政交易或事项的信息，那么GDP数据就是政府会计信息系统披露的政府会计信息。

从核算GDP的方式上看，核算GDP的方法主要包括生产法、收入法和支出法。与美国采用收入法进行GDP核算不同，中国国家统计局发布的GDP数据是以生产法为基础核算的结果。生产法是从生产的角度衡量常住单位在核算期内新创造价值的一种方法，即从国民经济各个部门在核算期内生产的总产品价值中，扣除生产过程中投入的中间产品价值，得到增加值。其公式为：增加值 = 总产出 − 中间投入。核算的生产范围包括三个部分：第一，生产者提供或准备提供给其他单位的货物和服务的生产；第二，生产者用于自身最终消费或资本形成的所有货物的自给性生产；第三，自有住房拥有者为自己最终消费提供的自有住房服务，以及付酬的自给性家庭服务生产。从微观角度看，会计盈余是指会计核算主体从收入中扣减所有生产要素成本之后的剩余。将所有会计核算主体的会计盈余进行累计计算，即形成累计会计盈余。按照生产法核算GDP数据的逻辑思路，可以认为会计盈余是GDP的组成部分。

二、会计准则与经济增长

稳健性的会计准则会消除经济增长中的泡沫成分，从短期看会降低经济增长水平，但从长期来看对经济健康增长却是十分有益的，而乐观性的准则则相反。

随着世界经济的发展和会计制度的不断完善和改进，国内外学者逐渐意识到会计与经济发展之间存在密不可分的关系。企业是构成宏观经济的微观主体，会计制度通过对企业财务行为的规范，间接地影响着经济。铃木（Suzuki，2007）分析了二战后日本的会计制度如何构成日本经济社会基础，并在经济复苏中起到重要的作用。他认为，会计形成的标准形式的数据可通过行业归类汇总构成反映宏观经济的基本数据，构成日本产业和经济发展必不可少的数据基础。霍普伍德（Hopwood，2009）则从理论探讨的角度论证金融危机与会计和审计存在的联系，以及危机过后会计将面临的改进和变革。萨尔瓦多（Salvador，2010）指出会计在解决西方国家之间国际问题的过程中起到积极作用。德丰（Defond，2011）验证了强制实施国际财务报告准则能够提高各国间财务报表的一致性，增加跨国投资。肖特里奇（Shortridge，2009）发现每一阶段会计制度的变化实质上是响应了经济环境变化提出的要求，例如，工业革命时期社会关注成本，会计采用历史成本计量就满足了精确、可靠的要求；随着石油与汇率等经常波动和信息经济的到来，决策者则更需要会计反映公允价值，以确保信息的决策相关性更强。杨丹等（2009）认为是中国经济催生了会计改革，会计的发展也有效地推动了经济改革开放的进程。

三、会计信息改进资源配置效率

资源的优化配置是市场经济的重要法则，要实现市场经济的快速发展，必须充分重视并做好资源的合理配置。会计工作通过真实反映企业财务状况、经营成果和现金流量，为比较不同行业、企业、地区经济效益和发展前景，科学制定经济发展和其他方面的决策，提供可靠依据。就我国的情况而言，上市公司会计信息的透明度会影响证券市场的资源配置效率。会计信息的透明度对资源配置效率的影响与行业的产权制度安排和竞争程度存在互补效应，行业平均国有股比重会降低会计信息透明度与证券市场资源配置效率之间的正相关关系，而行业竞争程度的提高会增强二者之间的正相关关系。针对会计信息对资本市场资源配置效率的影响这一问题，国内外的多名学者进行了实证研究。他们的研究得出了相似的结论，即会计信息具有改善信息环境、改进资源配置效率的经济意义。

弗朗西斯（Francis，2009）基于37个国家工业发展的数据实证研究了信息环境、盈余质量与资源配置效率的关系。研究发现，信息摩擦（information friction）会阻碍资源的高效配置并影响经济增长。在控制经济发展和金融发展水平后，信息透明度比较高的国家和地区，工业发展水平趋于接近，不同国家的信息环境质量与工业增长率显著相关。在不考虑一国法律环境和监管机制的条件下，改善会计信息质量、内控和披露体系可以提高资源配置效率。

周中胜、陈汉文（2008）以1999~2004年深沪两市所有A股上市公司作为研究样本，借鉴了乌格勒（Wurgler）的研究，通过构建证券市场资源配置效率模型，探讨了会计信息透明度对证券市场资源配置效率的影响。研究发现，在控制了股票市场的流动性和规模后，会计信息披露透明度越高的行业，证券市场资源配置效率越好。研究还发现，会计信息透明度与产权、产品市场竞争等其他公司治理变量对资源配置效率的影响具有互补效应。

关于会计信息质量对资源配置效率影响的研究除采用实证研究的方法外，也有国内学者以规范研究的方式进行了分析。刘炜（2013）利用综合信息经济学及新制度经济学的理论观点及分析方法，构建出资源配置效率、会计准则变迁以及会计信息质量的综合分析框架，明确会计信息质量外部效应的内涵和外延。研究发现，我国会计准则的国际趋同通过提高会计信息质量而使得我国资本市场的资源配置效率得到了改善。

该如何理解会计信息影响资源配置的作用机制呢？或者说影响路径是怎样的？有国外学者研究表明，会计信息对资源配置效率的影响主要体现在其对金融系统微观机制的影响。拉詹和津加莱斯（Rajan and Zingales，1998）、菲斯曼和洛夫（Fisman and Love，2004）研究了金融机构对资源配置效率中的影响，他们认为，发达的金融市场能够帮助企业把握发展机遇，提高资源在各部门之间的配置效率，实现经济的增长。然而，上述研究着重于金融市场在资源配置效率中的重要性，忽略了会计信息影响金融市场的微观机制。而乌格勒（2000）的研究证明一国资本市场中企业基本面信息的数量与股价的同步性高度相关，信息效率的实现有助于金融市场资源配置作用的发挥。

四、会计信息的宏观经济效果在金融危机中得以凸显

会计信息质量会影响金融稳定性。如果会计信息质量不确定，必然使

得金融市场上的会计信息混乱不堪、真假难辨,基于会计信息所做出的种种政策、调控手段等则失去了原本的效用,金融市场将处在一个无法调控、无法预测的环境中,其稳定性将受到极大的冲击。

现有文献集中于研究经济周期与金融危机的关系,极少涉及会计信息与经济周期,进而与金融危机的关系。不过,鉴于会计信息是用于估计经济增长的基础核算数据,可能与累计的经济波动相联系,已有研究也实证分析了经济周期、宏观经济政策与会计信息的关系。如伯南克和格特勒(Bernanke and Gertler, 1989)建立的基于经济周期与会计报表科目之间的模型,研究证实,经济繁荣提高了投资收益,进而增加了所有者权益,降低了代理成本,而经济低迷时期则恰恰相反。卡林等(Carling et al., 2004)考察了会计报表中相关变量与宏观经济变化之间的关系,发现宏观经济与相关会计业绩变量之间存在相关性。然而,很多研究依旧认为市场信息质量通常是作为外生给定的,无法清晰地直接探究会计信息与宏观资源配置的关系,造成现有的研究结论缺少说服力。因此,会计信息在金融加速效应中可能发挥作用,进而影响金融和经济的稳定。

综上所述,会计信息披露能对证券价格产生影响。在证券市场上,各类投资者紧紧盯着证券价格的变化,尽力捕捉能够对证券未来价格产生影响的信息。然后,投资者对其获取的信息进行归纳加工,按照自己的判断做出决策。

五、公允价值的会计计量与金融稳定性

金融工具(尤其衍生金融工具)本身的复杂性造就了会计准则体系中最为复杂的金融工具会计规范。在当今不完善的市场下,尤其是处于金融危机时期时,金融机构与金融市场的互动关系导致公开市场价格或者银行间交易价格波动不能反映金融工具未来的收益分布,只能反映出市场现金或者流动性可得性的大小。如果此时使用公允价值会计,则资产价格的波动性就会反映进会计报表,直接影响金融机构资产价值,产生新的金融危机传导机制。

莫里斯(Morris)等研究表明,公允价值会计反映了银行的真实风险,尽管公允价值会计导致盈余和资本的波动且存在精确性问题,但随着银行及监管机构渐渐熟悉公允价值模型及金融市场的日渐成熟,公允价值的精确性问题将逐步得以解决。瑞安(Ryan)认为公允价值或其他计量属性

永远不会消除或降低违规行为的发生,但公允价值能在诸如"次贷"危机中,做出尽可能快速而有效的调整。相比之下,其他计量属性会将这种调整拖延相当长的一段时间,更可能使危机的最终经济成本恶化。王守海从微观和宏观两方面阐述了公允价值计量对金融稳定性的影响。从微观角度来看,一方面,当资产不存在流动性市场的时候,必须使用估价模型来估计资产的公允价值,但预测未来的违约率和房价走势等参数是非常困难的,估价过程中大量自由判断和不确定性必然导致金融市场的不稳定。另一方面,公允价值导致了财务报表的波动,而市场参与者的非理性活动又导致金融市场的剧烈波动。从宏观角度来看,一方面,通过金融加速器和会计加速器的相互作用推动了金融市场的剧烈波动。另一方面,资产市场之间的混响效应,在公允价值的作用下也深化了金融市场的不稳定性。

金融稳定委员会(Financial Stability Board,FSB)将顺周期效应定义为放大金融系统波动幅度并可能引发或加剧金融不稳定的一种相互强化(即具有正反馈效应)机制。具体到公允价值会计所产生的顺周期效应,可分为两种不同情况:第一,在经济繁荣时期,公允价值会计的运用将导致金融机构确认更多的投资收益和计提较少的贷款减值损失,从而提高其资本充足率、信贷和投资能力,使本已过热的经济环境火上浇油。第二,在经济萧条时期,公允价值会计的运用将迫使金融机构确认大量的投资损失和贷款减值损失,从而降低其资本充足率、信贷和投资能力,使本已恶化的经济状况雪上加霜。

六、会计盈余的决策有用性

会计盈余能向信息使用者提供进行决策的有用信息,它对未来会计盈余或未来现金流量具有预测功能,通过对会计盈余的研究,能获得股票的超额收益。传统规范会计学派的代表利特尔顿认为,会计盈余是会计信息系统的重要"产品",会计盈余作为企业业绩的综合计量指标,受到外部利益相关者的最大关注,其重要性高于其他因素。实证会计学派的代表瓦茨(Watts)也认为"在经济理论中,会计盈余被理解为资本市场中左右资源配置的信号"。由此,会计盈余的作用可见一斑。

会计信息有用性的研究一直是会计领域理论研究的热点,并且会计盈余数据与宏观经济之间关系的研究也逐渐在增多。

方军雄、周大伟、罗宏和曾永良(2015)以"从微观数据到宏观预测"理论框架为基础，研究上市公司汇总的会计盈余信息对 GDP 预测的影响，研究结果发现，上市公司汇总披露的汇总季度会计盈余信息有着显著的宏观预测价值，宏观经济师在进行预测的时候也考虑了会计盈余的信息，但是不同背景的分析师在利用会计盈余信息时存在差异（整体会计盈余的信息含量包括两部分：未来总体现金流的信息和总体贴现率的信息）。

什瓦库马（Shivakumar，2007）指出，整体会计盈余将从三个角度对市场收益和经济活动产生影响：现金流量效应、对通胀产生影响的贴现率效应，以及对实体经济产生影响的贴现率效应。

整体会计盈余信息包含宏观经济风险的信息（Bonsall，Bozanic and Fischer，2013）。鲍尔等（2009）认为，整体会计盈余与市场收益的关系包括了宏观经济的因素。南邦萨尔、波赞尼奇和费希尔（Bonsall，Bozanic and Fischer，2013）研究发现，一些企业组合的会计信息中包括行业信息，也包括宏观经济层面的信息。

第二章

微观会计信息与宏观经济变量：一个文献述评

会计盈余的信息含量及使用价值是会计学的核心问题。以鲍尔和布朗（1968）为代表的研究开创了信息含量研究领域。微观视角、企业角度的研究和检验经久不衰，蓬勃发展。微观视角的会计盈余信息含量受到学者们的极大关注，而宏观视角的相关研究才刚刚兴起。科萨里（2006）的研究将这一领域推向宏观视角，近期研究前沿开始涉及整体层面会计盈余的信息含量问题。本章梳理和归纳了会计盈余与宏观经济相关性研究的文献。

第一节 会计盈余信息有用性的相关研究

一、国外研究

布朗和鲍尔（1968）通过对1946~1966年企业会计盈余数据、报告宣布日和报告期前后股价变化的实证研究来测试会计盈余数据信息的内容和及时性，并以此来估计会计盈余信息的有用性。研究结果表明，包含在每年的会计盈余数据中的信息是有用的，并且盈余报告中所包含的大部分信息在年度报告之前已经被市场所预测到。

科萨里、勒韦伦和华纳（Kothari、Lewellen and Warner，2006）通过研究整体会计盈余和资本市场的相关关系，发现无论从经济意义上还是数据意义上，价格和会计盈余信息都是负相关的，未预期的较高会计盈余意味着更高的利率，会计盈余信息和宏观经济状况有着很强的相关性。

什瓦库马（2007）进一步挖掘了整体盈余信息与市场回报、宏观经济信息之间的因果联系和确切的信息内涵,在对宏观经济方面的工业生产增长率、实际消费增长率、真实劳工收入增长率、按季节性消费价格指数调整过的通货膨胀率、名义国内生产总值增长率和真实国内生产总值增长率这六个指标月度、季度和年度的数据进行检验后发现,整体会计盈余信息主要和预期未来的通货膨胀率有关,而与其他几个宏观经济指标不相关。

鲍尔、G. 萨德卡和 R. 萨德卡(Ball, G. Sadka and R. Sadka, 2009)通过对盈余信息进行主成分分析,得到盈余和回报的典型性相关系数达到0.7,并且盈余指标和宏观经济指标具有相关性,宏观经济指标包括真实GDP 增长率、工业生产指数和投资情况,这意味着盈余信息能够反映真实的经济情况。

自从布朗和鲍尔(1968)得出会计信息有用性的研究以后,会计信息方面的研究便逐渐拓展到会计整体信息与资本市场和宏观经济指标之间的关系研究上,并取得了一定的进展。科奇奇基(Konchitchki)和帕特图卡斯(Patatoukas)在 2014 年针对会计盈余数据和未来 GDP 预测的两篇研究拓展了会计盈余信息研究的内涵,启发了会计盈余信息对宏观预测经济指标之间的研究思路。

二、国内研究

陈晓、陈小悦和刘钊(1999)以中国 1994~1997 年沪市、深市上市公司的数据为样本,从交易量反应研究和股票价格反应研究两个角度研究盈余报告在我国 A 股市场的有用性,结果发现,在我国股票市场上,会计盈余信息有着很强的信息含量。盈余数字的有用性并不因会计准则、股市监管方法和力度与其他国家不同而消失。

金智(2010)以 2004~2008 年我国 A 股上市公司为样本,基于私有信息交易理论,分析会计信息质量如何影响股价的同步性。研究结果发现,会计信息质量与股价同步性正相关,并且这种正相关仅存在于负向盈余管理的情况。研究丰富了会计信息质量和股价关系的文献。

姜国华、饶品贵(2011)提出以宏观经济政策与微观企业行业互动为基础的会计与财务研究框架,并以货币政策对经营业绩等的影响为例说明了会计与财务研究可能产生的影响,宏观经济政策和微观企业行为间有着循环互动的作用。

周卫华和董昕（2016）通过构建累计会计盈余指标，分析累计会计盈余与宏观经济增长的关系，研究会计盈余信息的宏观信息含量。研究结果发现，累计的会计盈余增长对未来经济增长有显著的预测作用，而和股票指数没有统计学意义上的相关性，所以中国股市可以通过会计盈余指标来体现对经济状况的反映情况。

第二节　会计盈余与市场回报的相关研究

科萨里（2006）推动了会计盈余信息含量研究，关注整体会计盈余与市场回报的关系，开启了从整体层面、宏观层面研究会计盈余所包含的宏观经济信息。科萨里（2006）研究发现，整体会计盈余和股票回报呈负相关，并推测总收益和股票回报呈现负相关是因为总收益增长中包含贴现率的信息。同猜想相一致，研究发现总收益增长和很多贴现率替代变量相关，例如，国库券利率和期限结构。

古格斯（Gkougkousi，2014）关注整体会计盈余与公司债券市场收益的关系，研究发现会计盈余与投资级别公司债券的市场收益负相关，与高收益公司债券的市场收益正相关。

鲍尔、G. 萨德卡和 R. 萨德卡（2009）提出整体会计盈余增长和预期的贴现率（这里包括预期的通货膨胀）相关，而不是和贴现率信息相关。克里蒂和古润（Cready and Gurun，2010）更加直接地评估了科萨里等（2006）的观点，使用对业绩公告短窗口的市场反应作为业绩信息的替代变量，发现会计盈余变化对贴现率作出反应。研究发现，业绩公告时间窗口（为期3天的观测窗口）的累计收益与市场指数的回报呈负相关。他们进一步发现业绩公告期的回报和同时期的通货膨胀预测变化是相关的。他们的证据支持了科萨里等（2006）观点，会计盈余信息包含了贴现率因素。

另外，科萨里等（2006）的研究还包含了会计信息含有通货膨胀信息的猜想。科萨里、勒韦伦和华纳（2006）以及克里蒂和古润（2010）认为总收入和同期的股票市场回报以及债券价格变化呈负相关，和同期的国债利率变化呈正相关。这些研究隐含整体会计盈余包含通货膨胀信息。

第三节　会计盈余与宏观经济因素的相关研究

目前，学术界在传统关注宏观对微观行为影响视角的研究基础上，开始研究从宏观到微观视角的影响，相关的研究视角简图如图2-1所示。

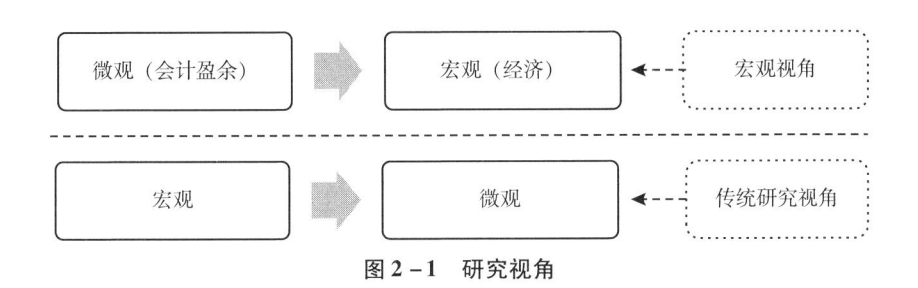

图2-1　研究视角

（图中内容：微观（会计盈余）→宏观（经济）←宏观视角；宏观→微观←传统研究视角）

企业是宏观经济的重要组成部分。上市公司作为雇主，商品和服务的生产者，一定程度上代表了宏观经济的重要部分，企业同时组成经济中的私人投资部分。因此，总体上，企业活动能够对宏观经济造成很大影响。依据这个期望，宏观经济的变量，例如GDP、利率和通货膨胀都和企业产出（营业收入）及利润有关（Brown and Ball，1967；Higson，Holly and Kattuman，2002；Bernstein and Arnott，2003；Shivakumar 2007）。

关于会计盈余影响宏观经济的实证研究，已有文献发现了初步的经验和证据（Konchitchki and Patatoukas，2014；Kothari，2013；Gallo，2013；Gkougkousi，2014）。

科奇奇基和帕特图卡斯（2014）认为汇总的会计盈余能够有效预测未来三期的GDP增长率。冈瑟和杨（Guenther and Young，2000）将会计准则的跨国差异考虑到模型中，仍然认为会计盈余与整体经济价值存在显著正相关。克莱因与马夸特（Klein and Marquardt，2006）利用多变量时间序列分析，考察了50年内的公司业绩亏损，认为其与宏观经济周期具有一致性。

国内的学者也提出了相似的见解。方军雄（2015）根据对国内季度GDP增长率预测值和前期汇总会计盈余值的实证研究，认为中国宏观分析师在做出预测时已经考虑了会计盈余的因素。罗宏（2016）和李补喜（2015）通过实证研究指出上市公司会计盈余增长率与GDP增长率具有显著正相关关系。唐松（2015）认为加总的会计盈余增长率是 GDP 增长率预测的重要指标，并且新会计准则的实施使会计盈余信息对于宏观经济的预测能力得到进一步提高。

科奇奇基和帕特图卡斯（2014）认为整体会计盈余与 GDP 增长预期相关，科萨里等（2013）认为整体会计盈余与通胀预期相关，加洛等（Gallo et al.，2013）认为整体会计盈余与股票市场回报的关系，源于市场贴现率因素。什瓦库马（2007）检验了整体会计盈利变化是否可以预测未来宏观经济活动，包括工业产品增长，真实的 GDP 和通货膨胀，并且发现会计盈余只和未来通胀相关。

科奇奇基（2011）研究发现，宏观层面物价水平的变化会影响企业整体会计盈余，且包含未来现金流量和股票价值的信息含量。李（Li，2012）研究发现销售信息披露和跨国 GDP 增长预期有助于提升公司层面盈余能力的预测。

帕特图卡斯和严（Patatoukas and Yan，2010）认为整体会计盈余与实际利率存在正相关关系。帕特图卡斯（2013）通过数据检验发现，整体会计盈余和实际利率、通胀预期、权益风险溢价正相关。会计盈余和利率、未来通货膨胀的变化呈正相关（Kothari，Lewellen and Warner，2006；Shivakumar，2007；Cready and Gurun，2010）。

科奇奇基和帕特图卡斯（2014）研究发现，整体会计盈余（所有企业会计盈余合计数）增长率是名义 GDP 增长率的先行指标，它对未来一至三个季度的 GDP 增长具有预测价值。加洛等（2013）进一步认为，整体会计盈余增长率与名义 GDP 增长率正相关的主要原因在于整体会计盈余能够预测实体经济的活动，因此，整体会计盈余增长率与未来实际 GDP 增长率会正相关。但是，加洛等（2013）未能就此找到显著的实证证据。与科奇奇基和帕特图卡斯（2014）的研究不相一致，G. 萨德卡和 R. 萨德卡（2009）也没能发现会计盈余与 GDP 相关的证据。

科奇奇基和帕特图卡斯（2014）研究发现，现实的宏观预测未能认识到会计盈余对于 GDP 增长的预测价值。GDP 增长的预测偏差与整体会计盈余增长率显著正相关。如果在预测 GDP 增长时，能够理解会计盈余的预测增量价值，将会显著降低预测偏差。

加洛等（2013）利用 1972～2010 年 538762 个公司月度（403830 个季度）观测值，并收集了联邦公开市场委员会（The Federal Open Market Committee，FOMC）会议数据和实际公开数据。基于 FOMC 的货币政策制订时间链条，研究整体会计盈余增长是否可以预测未来通货膨胀、失业变化和真实 GDP 增长；会计盈余增长是否能够预测未来联邦基准利率的变化（控制了同期宏观经济信息）。会计盈余信息包含有未来宏观经济的增量信息，可以作用于美联储的货币政策决定。会计盈余增长是失业率和通胀的先行指标。整体会计盈余与未来 6 个月的通胀正相关，与失业率负相关。但是，加洛等（2013）检验显示，整体会计盈余与 GDP 关系的数据结果不明确。另外，研究发现，整体会计盈余与之前四个季度的资本支出、研发支出呈正相关关系。

在控制了同期的宏观经济通货膨胀、失业和实际 GDP 增长信息（其中宏观经济资料由上期公布的数据变化，预期误差和预测修正来代替）的条件下，加洛等（2013）研究发现，会议期间公布的会计盈余信息和联邦基准利率未来变化呈正相关。在控制了其他宏观指标，包括美国经济咨商局发布的先行经济指标（conference board leading economic index）和密歇根大学消费者信心指数（university of michigan consumer sentiment index）之后，该关系依然成立。

第四节　宏观经济与微观会计的相关研究

货币政策会对微观经济主体行为产生影响，突出体现为利率、货币供给、银行信贷等金融环境的不确定性，影响企业的投资、融资行为（Beaudry，2001；Mojon，2002；Korajczyk and Levy，2003；Ghosh and Sensarma，2004；Atanasova and Wilson，2004；Levy and Hennessy，2007）。

姜国华、饶品贵（2011）提出以宏观经济政策与微观企业行业互动为基础的会计与财务研究框架，并以货币政策对经营业绩等的影响为例说明了会计与财务研究可能产生的影响，宏观经济政策和微观企业行为间有着循环互动的作用。王铭利（2012）研究了我国 A 股上市公司 2002～2008 年的数据，认为货币政策对微观经济主体会计政策选择具有异质性影响。在不同的货币政策下，企业会产生不同的盈余管理行为，从而影响会计盈余。在从紧货币政策下，上市公司通过增加非经常性损益来抵消从紧的货币政策。

杨治等（2009）研究表明集体企业内的政府控制能够帮助企业维持较低的生产采购成本，但同时伴随着较高的管理费用和财务费用。刘凤委等

（2007）认为，在我国转轨经济环境下的政府干预和竞争环境将导致高激励强度的薪酬合约并非是最优选择。

斯莱福和维什尼（Shleifer and Vishny，1994）通过对多个国家的数据分析，指出政府干预对企业决策影响重大。克里斯坦森（Christensen，2009）同时指出，政府干预对会计政策的执行影响较大。陈晓和李静（2001）研究了地方政府为帮助上市公司在资本市场中争夺资源，通过税收优惠和财政补贴，积极参与上市公司盈余管理的行为。朱茶芬和李志文（2009）指出，政府干预对上市公司会计盈余的影响是负面的，并且这种影响在国有企业中尤为突出。

姜英兵和严婷（2012）认为，政府干预越少的地区，其会计盈余的质量越高。张劲松和于楠楠（2013）通过实证研究，说明了政治关联对民营企业会计盈余的影响，并指出，直接参与型可促进企业会计盈余上升；物质刺激型可扩大企业会计盈余；引导政策型和积极沟通型能提高企业会计盈余。刘凤委、孙铮和李增全（2007）针对我国沪、深股市的国家控股上市公司的实证检验发现，政府干预不利于企业的内部治理，政府干预越多，会计业绩对企业的评价作用越小。为建设具有竞争力的现代企业，我国需减少政府干预。夏立军（2005）指出，政府干预对公司价值产生了负面影响，其中县级和市级政府干预影响尤为突出，但公司所处治理环境的改善有助于减轻这种负面影响。

方军雄（2008）研究了政府干预对企业并购决策的影响，发现地方政府直接控股的企业更倾向本地并购和实施无关的多元化并购。潘红波（2008）研究了地方政府干预对国有上市公司收购非上市公司的影响，发现地方政府干预对亏损样本公司的并购绩效有正面影响，但对盈利公司的并购绩效却有负面影响。简和黄（Jian and Wong，2010）研究发现，地方政府通过关联交易帮助当地国有上市公司达到证监会的管制标准，但是在达标完成之后，又会通过关联方借贷的形式将资金转移回来。

在流动性管理方面，陈德球（2011）研究了地方政府质量与企业现金持有的关系，发现地方政府可以通过影响当地企业的融资约束条件从而对公司现金持有水平产生显著影响。在政策性负担方面，曾庆生和陈信元（2006）研究发现政府控股对企业承担超额雇员有显著影响，超额雇员和高工资率共同导致政府控股企业承担了比非政府控股企业更高的劳动力成本。在公司价值方面，夏立军和方轶强（2005）研究发现，地方政府控股（尤其是县级和市级政府控股）对于公司价值具有负面效应。

第三章

会计盈余信息含量的宏观视角研究：一个理论框架

第一节 引 言

会计盈余信息含量是会计学的核心研究领域，而宏观视角是当前研究前沿。本章提出的理论框架，以会计盈余和 GDP 的关系、货币影响、通胀影响和实体经济效应为研究的四个视角，分析会计盈余对宏观经济（指标）影响的理论依据和路径，检验宏观层面的会计盈余信息含量。理论框架将启发学术研究，理论框架提出需要重点回答的四个问题：第一，会计盈余对 GDP 具有增量预测价值吗？政府主导型经济对宏观层面的会计盈余信息含量会产生影响吗？第二，在货币供给管制的环境下，会计盈余对货币供给和市场利率有影响吗？第三，在货币供给管制的环境下，会计盈余对通胀预期的影响是怎样的？第四，从实体经济的影响路径，检验宏观层面的会计盈余信息含量是如何呈现的。

系统研究会计盈余对宏观经济、对预测（增量）价值、对 GDP 增长率、对宏观货币领域的走向、对通胀预期、对投资率和就业增长率的影响以及会计盈余所蕴含的宏观信息因素，能够为会计盈余信息含量领域的研究发展提供证据，能够分析其内在机理和影响路径并充实理论，从而提升对经济规律的理解。

此次研究具有以下理论意义：第一，此次研究提供了新的证据，拓展了整体层面会计盈余信息含量的研究内容，同时发现了整体会计盈余所包含的宏观经济的附加信息，并提供证据表明会计盈余对于宏观经济而言具有预测价值。虽然目前越来越多的文献检验会计盈余信息中的宏观部分，但是整体会计盈余信息是如何包含这些信息的本质还存在很大的研究空间

(Shivakumar，2010；Ogneva，2013）。第二，此次研究提供了影响机理，发现了整体会计盈余与股票市场回报负相关关系的解释因素，帮助理解为什么企业层面的会计盈余会影响市场总体收益。此次研究也丰富了科塔里（Kothari，2006）、帕塔图卡斯（Patatoukas，2013）推动的研究领域，拓展了整体会计盈余增长对市场估值影响的研究领域。其中，科塔里（2006）研究发现整体市场收益与整体会计盈余增长呈负相关关系；格库库西（Gkougkousi，2014）研究发现会计盈余与投资级别公司债券的市场收益负相关，与高收益公司债券的市场收益正相关；帕塔图卡斯（2013）研究发现整体会计盈余增长信息同时包含现金流信息和贴现率信息，两种信息对整体市场收益产生不同影响。

此次研究具有以下实践意义：首先，此次研究对预测宏观经济走向有增量预测价值，有助于理解并降低 GDP 修订差额，有助于理解货币市场和通胀走向等。其次，此次研究能够帮助宏观经济研究者和宏观经济分析人员更好地理解和预测宏观经济走势。在对宏观经济进行分析和预测时，可以进一步研究会计盈余与经济增长之间的联动关系，进而系统地将企业的会计盈余信息纳入经济分析和经济预测的范围中，完善经济预测的指标体系，获取更多的有助于宏观经济分析预测的信息，更准确地对经济增长作出预判。最后，此次研究表明会计信息可以作为宏观经济政策（货币政策）的先决指标，这对投资者和市场分析者预测宏观经济政策的动向有现实意义。

第二节 理论发展脉络

从学术发展的脉络看，会计盈余信息含量的宏观视角研究居于学术前沿。会计盈余信息含量作为会计学的核心研究领域，微观视角、企业角度的研究和检验经久不衰，目前研究前沿开始涉及整体层面会计盈余的信息含量问题。微观视角的会计盈余信息含量受到学者的极大关注，而宏观视角的相关研究才刚刚兴起。相关的理论脉络简图如图 3-1 所示。

第三章 会计盈余信息含量的宏观视角研究：一个理论框架

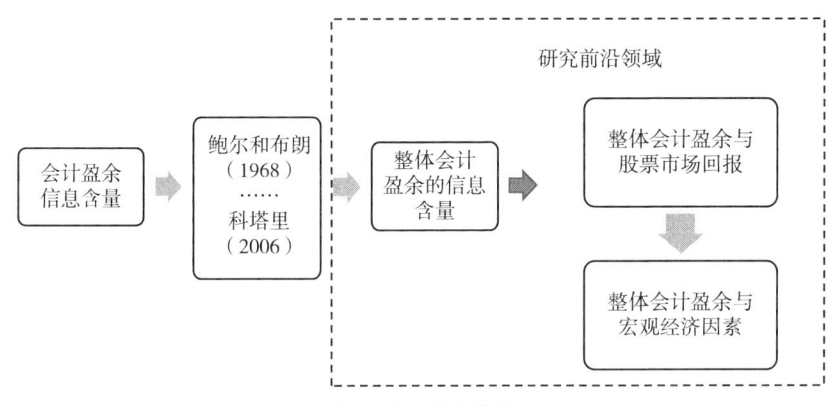

图 3-1 理论脉络

会计盈余的信息含量及使用价值是会计学的核心问题。以鲍尔和布朗（1968）为代表的研究开创了会计信息含量研究领域（有可能是最近半个多世纪会计学科最重要的学术成果）。此后，这一会计学最重要的研究领域蓬勃发展。科塔里（2006）的研究将这一领域推向宏观视角。作为本研究的基石，该领域的研究脉络大致如下：

（1）鲍尔和布朗（1968）用数据证明会计盈余具有价格相关性，股票回报与会计盈余相关，并且是投资者在投资决策中需要关注的因素。之后，该研究成果在全球得到复制和检验，（Brown，1970，1972）。

（2）布朗和肯内利（Brown and Kennelly，1972）开始研究季度盈余的信息含量。

（3）鲍尔和瓦茨（Ball and Watts，1972）开始研究会计盈余的时间序列特征。

（4）盈余反应关系研究兴起（Ball and Brown，1969；Beaver，1970）。

（5）会计政策与股票价格关系研究受到关注（Ball，1972），进而带动盈余管理研究领域的兴起（Watts，1977；Watts and Zimmerman，1978；Holthausen，1981）。

（6）管理层盈余预测（Foster，1973）和分析师盈余预测（Griffin，1976）研究兴起。

（7）盈余反应系数（ERC）研究进一步深化，开始采用日收益数据（Foster，1977）和短窗口事件进行研究（Beaver，1980；Hagerman，1984）。

（8）与盈余公告相关的公司间信息转移研究出现（Firth，1976；Foster,1981）。

（9）大量研究开始关注盈余公告后价格漂移（Post - Earnings Announcement Drift，PEAD），福斯特（Foster，1984）、伯纳德和托马斯（Bernard and Thomas，1990）的开创性研究具有代表性。

（10）学者开始关注会计确认与信息披露的区别（Beaver et al.，1989）。

（11）会计盈余与市场收益非线性关系的研究兴起（Freeman and Tse，1992），海恩开始（Hayn，1995）关注流动性，巴苏（Basu，1997）开始关注条件稳健性（conditional conservatism）。

（12）相关学术研究开始区别盈余的现金流部分和应计制盈余部分（Dechow，1994；Sloan，1996）。

（13）相关的国际比较研究（Ball，2000）、公众公司和非公众公司的比较研究（Ball and Shivakumar，2005）兴起，主要研究财务报表质量特征（如及时性、稳健主义等）的经济和政府影响因素。

（14）整体层面会计盈余和市场反应研究开始产生（Kothari，2006；Ball，2009；Patatoukas，2013）。至此，信息含量研究开始关注宏观视角，会计盈余包含市场整体层面的影响，可能含有宏观经济信息的因素。

目前研究前沿开始关注和检验会计盈余包含哪些宏观经济信息（Konchitchki and Patatoukas，2014；Kothari，2013；Gallo，2013；Gkougkousi，2014）。

第三节 理 论 依 据

会计盈余对宏观经济影响具有理论依据，什瓦库马（2007）、鲍尔（2009）提出的理论框架预示整体会计盈余（所有上市公司会计盈余的汇总数，下同）不仅会影响市场收益，也会影响宏观经济（包括 GDP、M2、CHIBOR、CPI、PPI 等）。鲍尔（2009）认为公司层面的会计盈余信息具有宏观层面的信息意义。理论框架推动了深入研究和数据检验，并提供了理论支撑。

基于微观（会计盈余）对宏观影响的研究视角，什瓦库马（2007）提出的会计盈余影响宏观经济的理论依据框架，其中 6 个要点如图 3 - 2 所示。

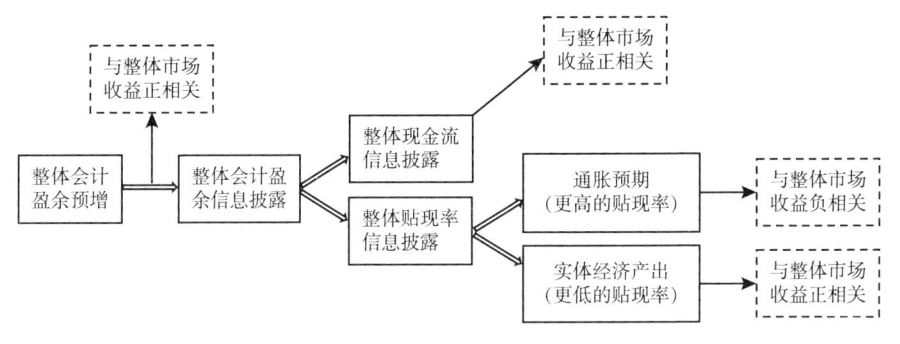

第三章 会计盈余信息含量的宏观视角研究：一个理论框架

图 3-2 什瓦库马（2007）的理论框架

整体会计盈余的信息含量包括两部分：未来总体现金流的信息和总体贴现率的信息。如果前者占据支配地位，整体会计盈余和市场收益正相关。这一关系隐含假设，整体会计盈余信息与未来总体现金流正相关。如果后者占据支配地位，整体会计盈余和市场收益的关系，将取决于总体贴现率信息主要反映的是通胀预期，还是实体经济产出信息。如果整体会计盈余主要源于未预期的通胀因素（整体会计盈余与未预期的通胀正相关），那么整体会计盈余信息与未来总体现金流将呈负相关，并且未预期的通胀将抑制未来实体经济活动［彭曼和尼西姆（2003）的研究不支持该假设］。

什瓦库马（2007）指出，整体会计盈余将从三个角度对市场收益和经济活动产生影响：现金流量效应、对通胀产生影响的贴现率效应，以及对实体经济产生影响的贴现率效应。从对通胀产生影响的贴现率效应看，整体会计盈余信息隐含未来通胀变化，以及市场利率变化。费舍尔（Fisher，1907）认为，正面的整体会计盈余信息预示更高的总体市场贴现率，与市场收益负相关。从对实体经济产生影响的贴现率效应看，正面的整体会计盈余信息预示未来实体经济活跃，整体会计盈余信息对宏观经济有预测价值：整体会计盈余预告与贴现率负相关。法玛和法兰奇（Fama and French，1989）的研究提供了相关的证据，市场风险溢价呈逆周期现象，那么，整体会计盈余和市场收益呈正相关。

现金流量效应、对通胀产生影响的贴现率效应和对实体经济产生影响的贴现率效应，这三者之间不是互相排斥的。但受这三者影响的数据结果，以及各种影响的相对影响程度的具体情况，目前只有一些初步证据：科塔里（2006）提供的数据显示，对通胀产生影响的贴现率效应更为显著；什瓦库马（2007）的初步证据显示，整体会计盈余信息存在宏观层面的信息含量；科奇奇基和帕塔图卡斯（Konchitchki and Patatoukas，2014）的证据表明，整体会计盈余信息对宏观经济有增量预测价值，且能降低GDP增长的预测误差。

整体会计盈余信息包含宏观经济风险的信息（Bonsall，Bozanic and Fischer，2013）。鲍尔（2009）认为，整体会计盈余与市场收益的关系包括了宏观经济的因素。邦萨尔、博扎尼奇、费舍尔（Bonsall，Bozanic and Fischer，2013）研究发现，一些企业组合的会计信息中既包括行业信息，也包括宏观经济层面的信息。理论框架支撑并推动本研究去检验会计信息中所含有的具体宏观因素。

另外，宏观视角会计盈余信息含量的实证检验具备研究基础。相对于大量学术研究关注的会计信息在微观层面的各种影响，比弗（Beaver，1998）和科塔里（2001）对此进行了全面的综述。虽然会计盈余和宏观经济的关系较少受到关注，但是近期研究正在改变这一研究状况。例如，科奇奇基和帕塔图卡斯（2014）开始关注会计盈余对于GDP的信息含量。

关于会计盈余影响宏观经济的实证研究，已有文献发现一些初步的经验证据（Konchitchki and Patatoukas，2014；Kothari，2013；Gallo，2013；Gkougkousi，2014）。科奇奇基和帕塔图卡斯（2014）认为整体会计盈余与GDP增长预期相关，科塔里（2013）认为整体会计盈余与通胀预期相关，加洛等（Gallo et al.，2013）认为整体会计盈余与股票市场回报的关系源于市场贴现率。格库库西（Gkougkousi，2014）研究会计盈余与公司债券的整体市场收益的相关性。综上所述，该领域尚属研究最前沿，经验证据有待进一步丰富和深入挖掘，而这些文献为进一步研究提供了基石和线索。

第四节　经济实践基础

从经济实践的角度看，理解会计盈余的宏观信息含量有助于提升宏观经济指标的预测和计量的精确度。其一，有助于提升宏观经济指标的预测和计量精度问题；其二，会计盈余信息具有及时性和可靠性优势，具备增量信息价值。

一、研究有助于提升宏观经济指标的预测和计量精度

宏观经济指标的预测和计量是重要问题，宏观数据的后期重大修订是全球性问题。GDP 是宏观经济指标核算体系中一个重要的综合性统计指标，也是中国新国民经济核算体系中的核心指标。它能够反映一国（或地区）的经济实力和市场规模。

GDP 数据需要经常进行修订，并且修订的幅度有可能很大。季度 GDP 初步核算对时效性要求很强，一般在季后 15 天左右公布，而季度 GDP 核算所需要的基础资料不能在短时间内全部获得，因此，季度 GDP 初步核算利用专业统计进度资料和相关指标推算得到。之后，随着可以获得的基础资料的不断增加和完善，政府开始利用更加完整的基础资料，例如，专业统计年报、行业财务资料和抽样调查资料以及财政决算资料对季度 GDP 数据进行修订，使其更加准确地反映实际的经济发展情况。

GDP 数据的修订程序包括常规修订和全面修订。按照《国家统计局关于我国季度国内生产总值核算和数据发布程序规定》以及《关于我国 GDP 核算和数据发布制度的改革》的规定，中国季度 GDP 核算分为初步核算、初步核实和最终核实三个步骤。通常，在年度 GDP 初步核实和最终核实后，开始对季度数据进行修订，这一过程称为常规修订。在开展全国经济普查，发现对 GDP 数据有较大影响的新的基础资料或计算方法及分类标准发生变化后，分别对年度 GDP 历史数据和季度 GDP 历史数据进行相应修订，这一过程称为全面修订。

本研究有助于理解和推动提升 GDP 预测的准确程度，从而降低 GDP 数据的修订幅度。

二、会计盈余信息可以发挥其及时性和可靠性优势

会计盈余相较于宏观经济指标的其他信息来源，具有一定的及时性和可靠性优势，也具备增量预测价值。

会计盈余信息具有及时性优势，虽然会计信息是按季披露，但是由于信息披露的及时性要求，所有公司都会在几天时间之内公布各自的盈余数据，因此，大约在报表日之后一个月时间就能形成整体会计盈余。此外，会计的历史成本属性决定它是滞后变量，而非前瞻变量。由于历史信息的

属性和会计信息产生的内控基础，它比宏观数据核算的部分统计来源更可靠。

会计盈余相较其他经济指标具有在可靠性方面的优势。虽然会计信息对于 GDP 的度量具有噪声影响，但是其他经济指标同样具有噪声影响。事实上，绝大多数宏观经济指标都是估计值，经常需要修订。例如，过去 40 年，美国 GDP 增长率，在发布之后的一个月平均（中位数）修订了 30%（16%）。这种对宏观经济指标进行修订的现象是非常普遍且显著的。另外，会计盈余的噪声影响，是独立于其他经济指标的。因此，整体会计盈余对于宏观经济的预测可能具有增量使用价值。

第五节　一个理论框架

在会计盈余宏观信息含量的理论框架中（如图 3-3 所示），存在以下四个问题需要回答。第一，会计盈余对 GDP 有何影响？第二，会计盈余对货币有何影响？第三，会计盈余对通胀预期有何影响？第四，会计盈余对实体经济活动有何影响？这四个问题都具有明晰的理论依据和研究基础。

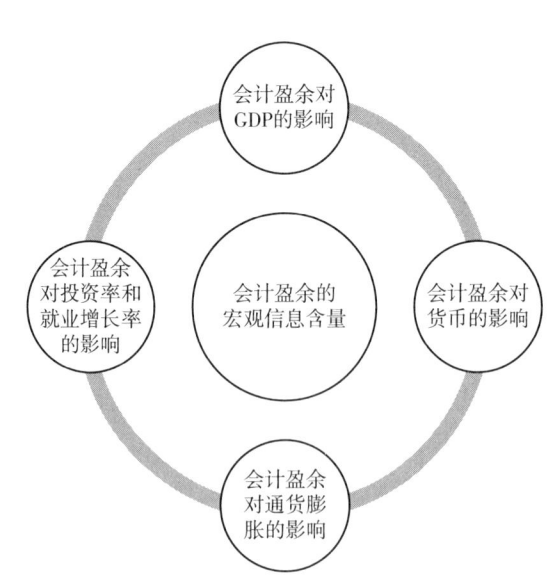

图 3-3　会计盈余宏观信息含量的理论框架

一、会计盈余对 GDP 有何影响

会计盈余对 GDP 增长有什么影响？会计盈余对 GDP 增长的预测是否具有增量价值？政府对经济的主导是否会影响经济的内源性增长，影响会计盈余与 GDP 的关系？

首先，我们认为会计盈余增长率是名义 GDP 增长率的先行指标，具有增量预测价值。它对未来一至三个季度的 GDP 增长具有预测价值[①]（Konchitchki and Patatoukas, 2014）。其次，政府主导经济因素将影响会计盈余与 GDP 的关系。我国政府对市场经济拥有强大影响力，政府拥有巨大的可供自己直接支配的经济资源和政策资源。甚至政府本身成为市场主体，主导市场经济的发展。这种情况下，政府可以直接对 GDP 增长造成影响，这就破坏了经济内源性增长的规律。同时，政府主导型经济也会影响会计信息环境，进而影响宏观层面会计盈余信息含量。

1. 营业盈余是 GDP 的重要组成部分。

在中国的统计实践中，收入法计算 GDP 分为四项[②]：GDP = 劳动者报酬 + 生产税净额 + 固定资产折旧 + 营业盈余。从 1990 年以来的统计数据看，劳动者报酬、生产税净额、固定资产折旧和营业盈余分别占中国 GDP 总额约 45%、15%、15% 和 25%。从统计口径的角度来看，营业盈余是

[①] 科奇奇基和帕塔图卡斯（2014）研究发现，整体会计盈余（所有企业会计盈余合计数）增长率是名义 GDP 增长率的先行指标，它对未来一至三个季度的 GDP 增长具有预测价值。加洛（2013）进一步认为，整体会计盈余增长率与名义 GDP 增长率正相关的主要原因在于，整体会计盈余能够预测实体经济的活动，因此整体会计盈余增长率与未来实际 GDP 增长率正相关。但是，加洛（2013）未能就此找到显著的实证证据。科奇奇基和帕塔图卡斯（2014）研究发现，现实的宏观预测未能认识到会计盈余对于 GDP 增长的预测价值。GDP 增长的预测偏误与整体会计盈余增长率显著正相关。如果在预测 GDP 增长时，能够理解会计盈余的预测增量价值，将会显著降低预测偏差。

[②] 第一项为劳动者报酬，是指劳动者因从事生产活动所获得的全部报酬。包括劳动者获得的各种形式的工资、奖金和津贴，既包括货币形式的，也包括实物形式的，还包括劳动者所享受的公费医疗和医药卫生费、上下班交通补贴和单位支付的社会保险费等。

第二项为生产税净额，指生产税减生产补贴后的余额。生产税指政府对生产单位生产、销售和从事经营活动，以及因从事生产活动使用某些生产要素（如固定资产、土地、劳动力）所征收的各种税、附加费和规划费。生产补贴与生产税相反，是指政府对生产单位单方面的收入转移，因此视为负生产税，包括政策亏损补贴、粮食系统价格补贴、外贸企业出口退税等。

第三项为固定资产折旧，是指一定时期内为弥补固定资产损耗按照核定的固定资产折旧率提取的固定资产折旧。它反映了固定资产在当期生产中的转移价值。

第四项为营业盈余，是指常驻单位创造的增加值扣除劳动报酬、生产税净额和固定资产折旧后的余额。它相当于企业的营业利润加上生产补贴。

GDP 的一个重要组成部分，约占 GDP 总额 25%[①]的会计盈余数据的变化，能够较好地预测 GDP 的增长速度。

2. 营业盈余与 GDP 的其他组成部分具有相关性。

费舍尔和默顿（Fischer and Merton，1984）研究指出，公司利润可能与 GDP 的其他组成部分具有趋势上的相关性。即使整体会计盈余和 GDP 增长可能只是一种简单的同趋势关系，它对经济预测也会存在一定增量信息意义。此外，科奇奇基和帕塔图卡斯（2014）发现，宏观经济分析师一直没有注意到这种增量预测价值，而它能提升对宏观经济分析的精确程度。

3. 整体会计盈余会影响公司利润。

整体会计盈余增长能够很好地反映公司利润增长，而公司利润增长是 GDP 增长的推动力量[②]（BEA，2004）。整体会计盈余计量了公司利润，它是 GDP 的一个组成部分（Konchitchki and Patatoukas，2014）。

公司利润是经济增长的重要推动力量，因此整体会计盈余可能影响经济增长的多个维度。比如，乐观的盈余预期可能意味着未来业务扩展、更强劲的投资、更多的就业机会、更高的消费、更高的消费价格、更高的产出，以及更积极的总需求。另外，会计盈余是一个综合性度量指标，它的信息含量包括了产出、就业、物价等。

4. 会计盈余数据能更好地预测应纳税收入。

上市公司必须及时披露会计信息，按季披露财务报表[③]，且会计盈余数据更具及时性、可靠性和预测价值。整体会计盈余是公司营业盈余（GDP 的一个重要组成部分）的事前变量。一方面，公司所得税收入数据的及时性较差，而会计盈余在季末就能披露。因而会计盈余能够更及时地反映 GDP 数据的生产税净额部分。另一方面，研究表明，会计盈余能够较好地预测未来现金流（Dechow，1998）。会计盈余能更好地预测未来应纳税收入，预测具有现金流支撑的应纳税收入。在核算 GDP 时，它优于当期的应纳税收入。

---

① 基于美国数据，有学者质疑，作为 GDP 组成部分的公司利润可能只占 GDP 的 5%～10%，对经济直接影响的重要性可能不足。而基于中国 GDP 数据，较有力地回复了这一质疑。

② 由于存在盈余管理等因素，进而传导到宏观总体层面，整体会计盈余对宏观经济指标的影响，可能存在一些干扰因素。

③ 会计信息按季披露，无法满足宏观经济指标的及时统计需要。但是，本研究的关注点在于增量价值。即使会计信息无法作为唯一或独立的宏观经济数据来源，其增量信息价值依然具有重要的研究意义，对于会计学的发展具有不可忽视的学术意义。

5. 会计信息披露具有行业内的溢出效应。

企业的信息披露行为具有行业内的信息溢出效应（Baginski，1987；Clinch and Sinclair，1987；Foster，1981；Lang and Lundholm，1996；Pownall and Waymire，1989；Thomas and Zhang，2008），以及跨行业的信息溢出效应（Shivakumar，2010）。会计盈余包含了行业经济的因素和宏观经济的因素。

6. 整体会计盈余能反映宏观经济的信息。

整体会计盈余信息包含了关于宏观经济风险的信息（Bonsall，Bozanic and Fischer，2013）。鲍尔（2009）认为，整体会计盈余与市场收益的关系包括了宏观经济的因素。邦萨尔、博扎尼奇、费舍尔（2013）研究发现，一些企业组合的会计信息中既包括行业信息，也包括宏观经济层面的信息。科奇奇基和帕塔图卡斯（2014）研究发现，会计盈余与 GDP 增长相关，具有增量预测价值，能够降低 GDP 增长的预测误差。

二、会计盈余对货币有何影响

在货币供给管制环境下，会计盈余对货币政策、货币供应量、市场利率有什么影响？

1. 会计盈余中包含货币信息。

什瓦库马（2007）、科塔里（2013）、加洛（2013）、科奇奇基和帕塔图卡斯（2014）研究认为会计盈余具有宏观层面的信息。本书第一章的研究认为会计盈余与 GDP 相关，它们预示着会计盈余货币效应的存在。

GDP 的增长与货币有着不解之缘。GDP 是指一国或一个地区在一年之内，用本国（地区）之内的生产要素所生产出来的最终商品和劳务的货币价值，只有转化为货币的货物才计入 GDP。从企业的运作环节来看，企业是一个以追求利润为目的的生产和贸易机构，它不只是生产单位，也是贸易机构。因为只有通过贸易，他们生产的商品才能转化为货币，为国家创造和增加 GDP。从国家的角度来看，GDP 多寡不仅取决于该国生产货物的数量，还包括这些货物能否在国外转化为货币财富。加洛（2013）研究发现，美国联邦基准利率与整体会计盈余正相关。美国货币政策会对整体会计盈余做出反应，正向的整体会计盈余增长推动美联储采取更紧的货币政策，推升利率。

2. 会计盈余会影响货币政策的制定。

会计盈余会对货币政策的制定产生影响。以美国为例，其货币政策制定过程就反映出会计盈余对货币政策的影响。联邦储备委员会的货币政策有两个主要目标：稳定物价、最大化可持续的就业和产出。美联储通过使用三个工具来实施货币政策：公开市场操作、贴现率和存款准备金率。其中，最常用的是公开市场操作，针对制定的联邦基准利率来买卖政府证券（主要是国库券），使银行间隔夜贷款准备金余额达到平衡。

美国联邦公开市场委员会（FOMC）是联邦储备委员会货币政策的制定者和执行者，负责制定联邦货币基准利率。FOMC制定公开市场操作的决定，一般每年会召开8次会议，有时还会有额外的会议或者电话会议。开会之前，FOMC会设置绿皮书，绿皮书里面包括经济预测和展望讨论；FOMC还会设置褐皮书，其中包含了12个联邦储备区的经济情况信息和报告。FOMC确定一个统一的联邦基准利率，实际的公开市场操作（买卖国库券）由纽约联邦储备银行的交易员进行，联邦基准利率的达成则通过买卖短期国库券来实现。如果目标利率下降，交易员就从美国银行买政府债券。银行就会有更多的现金储备，并且更容易将这些现金同业拆借给别的银行，从而降低了联邦基准利率。这一过程依赖于货币政策对经济的理论传导机制，联邦基准利率的变化会触发一系列事件，会对短期利率、外汇利率、长期利率、货币和信贷金额以及包括失业、产出和商品和服务价格在内的一系列经济变量产生影响。收紧的货币政策包括卖出政府债券、减少储备，以及增加有效的联邦基准利率。FOMC每4～8周对货币政策进行一次评估和调整。每次会议，FOMC都会根据不断变化的经济情况调整目标利率。当经济数据在会议期间比预期的好（差）时，FOMC更倾向收紧（放松）货币政策，从而提高（降低）利率。

在FOMC制定货币政策过程中，会计盈余是否发挥了影响？也就是说，除了会影响市场对美联储未来货币政策立场预期的三个核心宏观经济指标外，会议期间公布的会计盈余信息是否包含额外的信息内涵。会计盈余计量的公司利润是GDP的一部分，因此，会计盈余会包含经济状况信息并不奇怪。核心的问题是，会计盈余还包含其他主要经济指标以外的增量信息。加洛（2013）研究发现：在美国，会计盈余对货币政策具有直接影响。

3. 会计盈余会影响经济活动对货币的需求。

会计盈余增长能够合理预测企业的前景。企业是经济的重要推动力，会计盈余增长可以指示未来总需求的增长。会计盈余增长中包含相关的未来价格、产出和就业的信息。会计盈余增长对实体经济的影响会推动经济活动对货币的需求。另外，研究证明，中国货币政策本身就是造成实体经济波动的重要起因（Brandt and Zhu，2000，2010；刘霞辉，2004）。

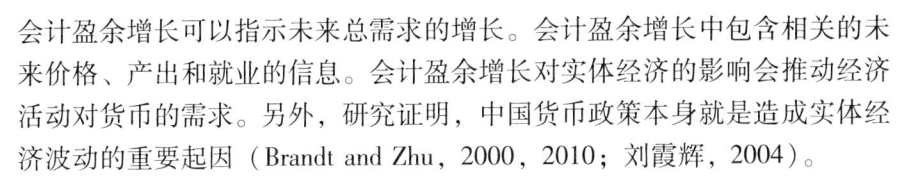

4. 会计盈余会影响企业的信贷需求。

企业的盈利能力和信贷需求相互正相关。企业利润的增加实质上是营业收入的增加，这意味着企业与供应商对运营资本需求的增加，这二者也是直接相关的。从为企业活动提供运营资本的银行的角度来看，企业盈利能力的提高同时降低了商业的信用风险。因此，银行在企业盈利能力提高时，面临较低的贷款风险，这会在很大程度上增加企业的银行贷款。同时，会计盈余的增长，也提升了企业的商业信用贷款能力，各种非金融类信贷活动也会增加。简言之，会计盈余的增长，推动了企业信贷需求的增长。同时，不断流入企业投资中的信用贷款导致了对商品和服务的更大需求，在商品和货币的不断转换中，GDP快速增长，各种信贷需求又随之增长。最终，信贷需求的增长，表现为货币领域的货币需求量增加和市场利率变化。

5. 会计盈余会影响企业的投资活动。

当期通过持续盈利获得的盈利能力，是未来投资固定资产、厂房、设备、研发与支出以及人力资源的盈利能力的一种表现。企业盈利能力直接影响企业对投资机会的偏好，进而影响管理者的投资决策。同时，公司盈利直接影响企业资本投资，更乐观的盈利促进更大规模的投资。因为融资成本随着公司盈余的增加而降低，例如资本成本和债务成本等会随着内部可用资金的增加而降低（Hennessy，Levy and Whited，2007；Lewellen，2012）。简言之，会计盈余的增长会活跃企业部门的经济活动，从而产生更高的资本总需求。

三、会计盈余对通货膨胀有何影响

货币供给管制环境下，会计盈余增长对未来通胀预期会产生什么影响？货币供给管制会产生什么影响？

1. 会计盈余中包含通货膨胀信息。

科奇奇基和帕塔图卡斯（2014）认为，会计盈余与GDP相关。而经济是一个有机体系，它的各个组成部分之间是一种相互依存、互为支出和收入的关系：家庭收入提高，则消费支出增加，导致物价走高；物价提高可以使企业销售收益增加，从而增加企业利润；利润增加激励企业投资增加，而企业的投资增加又会使收入以乘数的方式增加，从而推动 GDP 增长。基于对经济体的理解，本书第一章中对"会计与 GDP"的研究预示会计盈余存在通胀效应。虽然加洛（2013）的研究没有发现会计盈余与 GDP 的相关证据，但是，加洛（2013）研究发现，会计盈余增长是通胀的先行指标，整体会计盈余与未来 6 个月的通胀正相关。最近的研究表明，会计盈余和股票回报呈负相关（Kothari，2006），这源于整体会计盈余之中的通货膨胀信息。会计盈余之中包含通货膨胀信息的可能性是我们研究的基础。

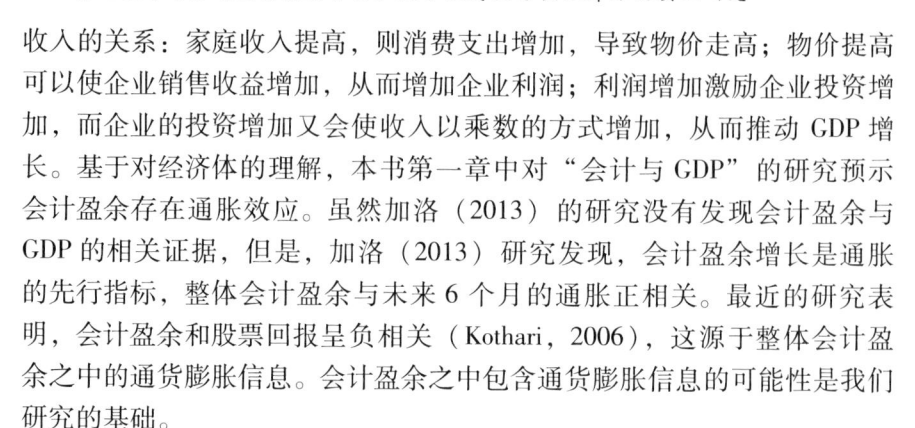

2. 会计盈余会影响货币政策。

一方面，会计盈余对货币领域的影响路径会影响和传导至通胀。通胀预期会受货币政策、财政政策影响，也受宏观经济的景气程度影响。它直接影响实体经济活动的方方面面，包括服务价格、薪酬标准、投资规模、融资决策等。在市场化环境下，通胀预期影响银行等金融机构的放贷积极性，影响市场利率。

另一方面，大量研究认为，通胀是一种货币现象。根据货币学派的理论，通货膨胀本质上是一种货币现象，只有货币供给的持续增加，才会出现物价的持续快速上升。从实践上来说，有一种观点认为 2001～2010 年间货币供应量（M1 和 M2）的增长率长期高于 GDP 增长率 5～10 个百分点是随后通胀的货币原因。因此，会计盈余影响货币需求和货币供应，即预示会计盈余存在通胀效应。

3. "实体经济效应"预示会计盈余会形成通胀效应。

通货膨胀是经济中的重要变量，会对资源分配、商品市场和金融市场产生影响。企业在很多决策中要使用通货膨胀的预测信息，包括产品价格、制定工资、计划投资和资本预算等。"实体经济效应"的理论分析认为，会计盈余会刺激投资、研发和就业，提升投资率与就业增长率，这都会产生原材料的需求、消费等，从而形成通胀效应。同时，本书第五章中"实体经济效应"也预示会计盈余会刺激货币需求，会形成通胀效应。

4. 会计盈余会影响需求标的的价格。

当期通过持续盈利获得的盈利能力是未来盈利能力的一种表现。企业盈利能力直接影响其对投资机会的偏好，进而影响管理者的投资决策。投资决策推动企业对原材料和人力的需求，进而影响需求标的的价格[①]。简言之，会计盈余的增长活跃了企业部门的经济活动，产生更高的资本总需求，带动对原材料和人力资源的需求，进而推动通胀。

5. 会计盈余会影响消费支出。

戴维斯和帕伦博（Davis and Palumbo，2001）研究发现，未预期的股价上涨会产生4%～7%的消费增长，即股价上涨100元，可以产生4～7元的消费。在相对较长的时间窗口内，企业利润，股息和股票价格都是同步移动的。增加的股票价格间接地影响消费支出，更高的股息支出直接影响消费支出，这些都诱发额外的商品和劳动需求。简言之，会计盈余增长会推动最终商品的消费，从而可能引发通胀。

6. 会计盈余会影响企业对资本的需求。

企业的盈利能力和银行贷款相互正相关。利润的增加实质上是营业收入的增加，意味着企业与其供应商对运营资本需求的增加，这二者也直接相关。而从为企业活动提供运营资本的银行的角度看，盈利能力的提高同时降低了商业的信用风险。因此，银行在企业盈利能力提高时，面临较低的贷款风险，这很大程度上增加了银行贷款。不断流入企业投资中的信用贷款导致了对商品和服务的更大需求，这也增加了通货膨胀。与这个银行借款效果相一致，巴塞特（Bassett，2010）发现在银行信贷放松之后紧跟着一个GDP和通货膨胀季度增加的震动。

7. 会计盈余会影响股票市场回报。

股票市场回报与通货膨胀的关系，构成了本书第一、第二、第四章通胀效应存在的逻辑基础。此外，本书第一、第二、第四章的研究内容，对会计盈余与市场回报关系，提出了一种宏观视角的解释。

会计盈余与市场回报相关，而市场回报与通货膨胀相关，进而会计盈余可能与通货膨胀相关。关于股票市场回报和通货膨胀关系的研究可以分为三类。第一类，通货膨胀、名义利率和股价之间的关系；第二类，利率和通货膨胀消息对股价的影响；第三类，资本市场的参与者在股价的形成过程中，是否有效地运用了通货膨胀信息。

基于费雪（Fisher）的命题，名义利率包含市场通胀预期的评估，法玛和史威特（Fama and Schwert，1977）检验了股票收益与预期的通货膨胀是否正相关，他们发现情况并非如此。研究发现，股票收益与预期的和

---

① 假设原材料和劳动力的供给小于完全弹性。

非预期的通货膨胀呈负相关。法玛（1981）解释了这个问题，股票收益和真实的宏观经济变量正相关，而真实的活动和通货膨胀呈负相关。

弗伦奇、鲁巴克、施沃特（French, Ruback and Schwert, 1983）从横截面进行检验[①]名义契约假说（Nominal Contracting Hypothesis），也就是说有更多名义契约的公司，其股市对不可预期的通货膨胀[②]更敏感。通过评估不可预测的通货膨胀对债务合同的影响，他们拒绝了名义契约假说。伯纳德（Bernard, 1986）进一步进行扩展检验通货膨胀和股票回报的关系。

莫迪利亚尼和科恩（Modigliani and Cohn, 1979）开启了一个研究分支，研究在证券价格形成过程和业绩预测之中，资本市场参与者是否有效运用通货膨胀信息。莫迪利亚尼和科恩（1979）推测在评估股票时，投资者不会考虑通货膨胀对名义收益的影响，这导致了股票市场在高通货膨胀时低迷，在通货紧缩时繁荣。坎贝尔和武尔泰纳霍（Campbell and Vuolteenaho, 2004）为这一推测提供了实证证据，通胀幻觉解释了几乎80%的标准普尔500指数的时间序列变化错误定价。很多其他研究也指出股价和市场参与者不会充分考虑通货膨胀信息。比如，乔迪亚和什瓦库马（Chordia and Shivakumar, 2005）发现滞后的通货膨胀预测了股票价格，根据公司暴露于通货膨胀的收益不同，通货膨胀与股票价格的关系有所不同。巴苏、马尔可夫和什瓦库马（Basu, Markov and Shivakumar, 2010）认为较差的预测能力可能是因为分析师没有考虑可预测的通货膨胀信息。科奇奇基（2011）把预测能力的问题归咎于财务报告没有及时报告通货膨胀所得和损失。基于对估价的分析，他认为投资者不能分辨出货币性和非货币性资产，而这是理解通货膨胀对公司经济影响的基础。

简言之，虽然研究结论有分歧，但是学术研究认为，通货膨胀与股票价格相关。一般而言，市场整体回报与通胀负相关，而这预示着会计盈余具有通胀效应。

四、会计盈余对实体经济活动有何影响

会计盈余对资本形成、投资活动、就业会产生什么影响？

---

① 拓展法玛和施沃特（1977）、法玛（1981）的研究。
② CPI作为通货膨胀的替代变量。

在企业层面，会计盈余会提升管理层信心，推动企业部门投资，活跃经济。第一，会计盈余会提升企业部门的资金实力，推动盈利和行业前景的乐观估计，可能直接推动所有经济组织的资本支出、研发支出和人员聘用。第二，投资、研发和扩张等活跃的企业部门的经济活动，会使雇员需求增长。第三，对企业前景、行业前景及经济前景的良性预期，会推动企业部门进行人力储备。

在宏观经济层面，会计盈余会影响投资率、就业增长等。会计盈余增长能够合理预测企业前景和未来总需求的增长。换言之，会计盈余增长中还包含相关的未来价格、产出和就业的信息。例如，会计盈余增长更容易和未来几个月或者几个季度的高投资支出相关，这可以转换成更多的商业拓展，更多就业和消费，甚至导致更高的物价和产出。

一个基本（简略）的影响链条如图3-4所示。

会计盈余 ➡ 资本支出 研发支出 ➡ 总需求 总支出 ➡ 资本形成率 就业增长率

图3-4　会计盈余对资本形成和就业增长的影响链条

会计盈余的增长会影响企业的资本支出和研发支出，进而影响企业总需求和总支出。企业的总需求和总支出直接会形成投资率[①]增长和就业增长。加洛（2013）研究发现，会计盈余增长是失业率的先行指标，会计盈余与失业率负相关。

1. 会计盈余对投资率（资本形成率）的影响。

从对实体经济产生影响的贴现率效应看，整体会计盈余预告与贴现率负相关。法玛和弗伦奇（1989）的研究提供了相关的证据，市场风险溢价呈逆周期现象。会计盈余影响投资率的基准（贴现率），从而影响宏观资本形成率。

投资驱动是中国国民经济的一大特点。中国的经济增长模式具有典型的资本密集持续攀升的特征，同时伴随着储蓄率和投资率的不断提高。包

---

① 我国的资本形成率已经长期保持高水平且随时间呈明显上升趋势（经济结构失衡现象）。

括厂房、建筑和基础设施等在内的中国的固定资本形成总额①，一直维持在相对较高的水平上，其占 GDP 的比重从 2000 年之前的将近 35% 增加到 2009 年之后的超过 45%②。

中国的大部分投资资金来自国内，其中很多资金来自企业自身，中国全社会的固定资产投资资金的主要来源为企业的自筹资金，其大约占到了整个固定资产投资资金的 50% 以上，且呈逐年上升的趋势，最近几年更是惊人地达到了将近 70%③。

投资对宏观经济（经济增长）的作用可以通过两种方式来实现：一是短期的需求效应，即投资是总需求的一个组成部分，投资增长能够直接拉动总需求的增长，从而带动总产出水平的增长；二是长期的供给效应。从供给方面来说，投资可以形成新的后续生产能力，为长期的经济增长提供必要的物质和技术基础。因此，没有投资就不可能有产出，没有投资的增长，经济就不可能保持一定的增长。

2. 会计盈余对投资活动的影响。

创造价值是企业运行的根本目的，在企业获得盈利之后，将产生一系列的后续反应来进一步扩大生产规模或者更新运营策略，而投资是企业经常选择的方式。投资往往代表着企业整体的成长性，通过购置固定资产、无形资产和其他长期资产、进行股权性投资和债券型投资来获得未来现金流的收益。对内投资将扩大企业规模，扩大再生产，完善企业的总体状况；对外投资将获得利息、分红等收益，提高企业未来的经营效率和财务状况。在我国最近统计的 100 强企业中，投资活动净现金流流出额为负值的公司占到 92%，可见投资活动非常活跃，是公司乐于选择的处置闲置资金的方式。因此，我们可以认为企业盈余对于投资活动有着至关重要的影响。

---

① 全社会固定资产投资与固定资本形成总额在内涵上有细微区别。主要表现在以下四个方面：一是全社会固定资产投资包括土地购置费、旧设备和旧建筑物购置费，而固定资本形成总额不包括这些费用。GDP 是生产活动成果，不是生产活动成果不能计算到 GDP 中。土地购置费是指通过划拨方式或出让方式取得土地使用权而支付的各项费用，这种土地使用权不是生产活动的成果，所以固定资本形成总额不包括土地购置费。旧设备和旧建筑物虽然是生产活动成果，但是它们已经包括在前期或者当期的固定资本形成总额中，不能重复计算。二是全社会固定资产投资不包括城镇和农村非农户 50 万元以下项目的固定资产投资，而固定资本形成总额包括这部分投资。三是全社会固定资产投资不包括矿藏勘探、计算机软件等无形生产资产方面的支出，而固定资本形成总额包括这方面的支出。就计算机软件来说，它和计算机硬件一样，能够在生产过程中长期发挥作用，相应的支出应当作为固定资本形成处理。四是全社会固定资产投资不包括房地产开发商的房屋销售收入和房屋建造投资成本之间的差额，而固定资本形成总额包括这部分差额。

② 2009 年是 0.4596，2010 年是 0.4573，2011 年是 0.4559，2012 年是 0.4654，这一比重即使与经济高速增长时期的日本与韩国相比，也显著偏高（Lardy，2007）。

③ 2001 年之前低于 50%，一般在 47%～50% 之间。

从企业内部视角来看，盈利将带来投资活动的增加。首先，最直观的一点是盈利将带来用于投资的资金来源。企业盈利将带来现金流的流入，营运资金将得到补充，并且在满足再生产所需的投入之后，企业将最大化地利用剩余资金进行运作，以谋求现金流能带来的最大价值。其次，企业投资战略的制定也与领导层的决策不无关系，而盈利将影响领导层和决策者的心理（管理层信心提升）。盈利带来的决策者自信心理，不仅会扩大企业整体的投资规模，甚至会出现过度投资的现象①。最后，企业的盈利所带来的不仅是资金和心理的变化，良好的盈利状况更是企业经营效率良好，运营状况健康的信号，从而引发对企业甚至是整个行业前景预测的正向变化。较高的盈利水平带来的是企业前景的整体看好，是企业进行继续扩张和发展的良好契机。

从企业、行业的外部视角来看，良好的盈利状况也会引起外部投资的进入。如果企业的经营成果良好，盈利水平较高，企业状况将吸引外部的投资者将资金投入企业以期待未来获得企业的分红，或者获得企业的部分控制权。如果行业的整体盈利状况值得看好，那么为了追求回报，社会的投资者也会将资金投入到这个行业，从而引发外部对内部投资需求的增长。

3. 会计盈余对就业的影响。

企业盈余在对投资产生各个方面影响的同时，也对公司的其他层面产生或多或少的连锁反应，其中企业盈余对就业的影响十分突出。

首先，盈余带来的是公司运营资金的增加，同时也就增加了人力预算，企业可以雇用更多的人员，或更高层级的人力资源。其次，盈余提升带来的是企业继续扩张、继续发展的信心和动力，不论是多元化发展，还是扩展主营业务，抑或通过收购等方式扩大规模，由此而来的都是大量的人员需求。最后，由于企业获得了良好的经营成果和利润水平，企业对于自身的经济前景会有比较乐观的预期，对于企业的长远发展将有更完善的考虑。作为企业长远发展战略的一环，人才储备战略必不可少。在准确把握企业的战略目标和人力资源规划后，通过对人才从层次、数量、结构上进行设计优化，并实行长期性、持久性、针对性的人才库存与培养制度，从而保证企业人才能够满足企业长远发展目标的需求。

在当今的市场经济体制下，任何个体都是相互联系、相互作用的。因

---

① 过度自信的管理层可能会高估项目的期望净现值，在资金充裕的条件下过度投资，或者对企业进行不必要的低效率的新建投资和规模扩张，从而降低资金的利用效率。

此一个企业的利润提高，或者说一个行业的景气所带来的变化和影响不会停留在单独一个企业或者行业，还将波及这个企业的关联地区和单位以及行业上下游整个产业链。一个企业的发展将影响周边地区经济的进步，而一个行业的蓬勃发展，也将带动相关产业的进步，从而像涟漪一样产生辐射作用。由此产生连锁反应所带来的整体的变化，更将对周边地区和相关产业的就业产生不小的助推作用。

第四章

会计盈余与 GDP：政府主导型经济体的经验研究

第一节 引 言

会计信息的有用性富有生命力。会计信息不仅要满足契约各方对于企业财务状况及经营成果的需要，而且可能也要满足国家宏观经济管理的要求。同时，伴随着我国上市公司会计信息质量保障机制的日益完善，如企业会计准则的不断完善、审计质量的提升以及法律环境的优化等，会计信息对于真实经济活动的反映效果得到加强。现有研究初步证实了中国上市公司总体会计盈余与 GDP 之间存在相关关系。

本章以 A 股上市公司会计盈余数据为微观基础，探究会计盈余对于以 GDP 为代表的宏观经济变量的预测价值。北京市的数据显示，会计盈余与北京市生产总值和生产总值增长率都存在显著的相关性，对于预测北京市生产总值未来一至四季度的变化都有增量预测价值。此外，会计盈余与 GDP 的相关性会受到政府财政干预的影响，会计盈余解释变量的显著性在不同模型中有一定的变化。

第二节 文 献 回 顾

比弗（1998）和科塔里（2001）对会计信息在微观层面的各种影响进行了全面的综述。当前的研究重点由会计信息在微观层面的影响转移到了会计盈余和宏观经济的关系上，例如，科奇奇基和帕塔图卡斯（2014）关注会计盈余对于 GDP 的信息含量。

关于会计盈余影响宏观经济的实证研究，国外的学者进行了初步的探索。科奇奇基和帕塔图卡斯（2014）认为整体会计盈余与 GDP 增长预期相关，科塔里（2013）认为整体会计盈余与通胀预期相关，加洛（Gallo, 2013）认为整体会计盈余与股票市场回报的关系源于市场贴现率这一因素。格库库西（Gkougkousi, 2014）研究会计盈余与公司债券的整体市场收益的相关性。该领域有待进一步丰富和深入挖掘，这些文献为进一步的研究提供了基石和线索。

一、国外研究

克雷迪和高隆（Cready and Gurun, 2010）通过对按指标选定企业 1973 年 1 月 3 日~2006 年 6 月 21 日所有的季度盈余信息、盈余公告日期和年初股票价格等进行研究分析，发现会计盈余信息包含整体层面的贴现率信息，会计盈余收益的积极预期会导致用于折现未来现金流的折现率的上升，而消极预期则会导致其下降。同时，结合通过短期国债和通货膨胀保值债券等计算的通货膨胀率变动情况，研究证实了企业的盈余信息会直接影响着市场的总收益，并且盈余信息和长短期债券的收益情况直接相关。会计盈余信息能够直接反映预期通胀率的变化，能进一步作为宏观经济中负债和权益回报率的通用驱动性指标。

加洛（2013）、科塔里（2006）在认为总体会计盈余信息与股票市场回报是弱相关的基础上考虑美联储货币政策的因素，并对 1972~2007 年的月度数据和季度数据进行研究分析，结果发现总体会计盈余信息能够反映同期和一个月前的货币政策变化，会计盈余信息当中包含未来宏观经济的预测信息，有助于美联储的货币政策决定，并且会计盈余与未来 6 个月的通胀指数正相关，而与失业率情况负相关。因为总体会计盈余信息可以预测宏观经济的情况，所以加洛（2013）认为总体会计盈余增长率会与真实 GDP 增长率相关，但并没有找到显著的实证证据。

科塔里、什瓦库马和乌尔坎（Kothari, Shivakumar and Urcan, 2013）以纽约证券交易所、美国证券交易所和纳斯达克的上市公司会计盈余增长情况与美国 1984 年 10 月~2009 年 12 月的月度生产价格指数（PPI）和消费者物价指数（CPI）为研究对象进行实证研究，发现企业总体会计盈余情况与未来 PPI 指数正相关，而与未来 CPI 指数关系不大。同时，会计盈余信息也有助于未来数月 PPI 指数预测值的修订，但与未来 CPI 指数预测值的修订无关，并认为会计盈余信息对 PPI 和 CPI 预测信息的差别源于 CPI 指数构成的不同，因为 CPI 中包括进口的商品和服务，而这些很难被反映在国内企业的营收信息当中。

科奇奇基和帕塔图卡斯（2014a）以 1988~2011 年美国上市公司总体会计盈余数据和 GDP 季度数据为研究对象，发现总体会计盈余增长率是预测未来 GDP 增长率的领先性指标，尤其能够有效预测未来一个季度的 GDP 增速。另外，总体会计盈余也明显有助于降低未来 GDP 增速预测值的误差，然而宏观经济学家在预测未来 GDP 增速时并没有充分考虑总体会计盈余信息中所蕴含的预测价值。

科奇奇基和帕塔图卡斯（2014b）在会计盈余信息是预测宏观经济的先行指标的研究基础之上，进一步针对规模最大的 100 家企业，将会计盈余指标划分为毛利率和销售周转率两个部分，分别考察它们与未来 GDP 增长的关系。研究发现整体会计盈余能够提供对未来 GDP 的预测信息，股票市场回报视选取的区间不同也有对 GDP 不同程度的预测能力，年度股票市场回报的预测能力最强，而会计盈余的驱动性指标对年度股票市场的回报有信息增值的意义，但宏观经济的预测者和股票市场的投资者并没有充分利用会计盈余的驱动性指标信息的预测价值。

可以看出，自从布朗和鲍尔（1968）得出会计信息有用性的研究结论以后，会计信息方面的研究便逐渐拓展到会计整体信息与资本市场和宏观经济指标之间的关系研究上，并取得了一定的进展。科奇奇基和帕塔图卡斯在 2014 年针对会计盈余数据和未来 GDP 预测的两篇研究拓展了会计盈余信息研究的内涵，启发了会计盈余信息对宏观预测经济指标之间的研究思路。但这些研究是基于美国经济环境得出的结论，会计盈余信息与 GDP 之间的关系在国内环境中是否也同样相关还有待国内的研究。

二、国内研究

近年来，我国学者也逐渐开始关注企业盈余状况对宏观经济预测的作用。借鉴科奇奇基和帕塔图卡斯（2014）的研究方法，我国学者对我国企业总体盈余预测宏观经济的能力进行了实证研究。方军雄（2015）的实证研究表明我国上市公司季度总体会计盈余信息具有显著的宏观预测价值，且宏观分析师在做出经济预测时考虑了会计盈余的信息。唐松（2015）研究表明，我国上市公司总体会计盈余增长率与未来 GDP 增长率显著正相

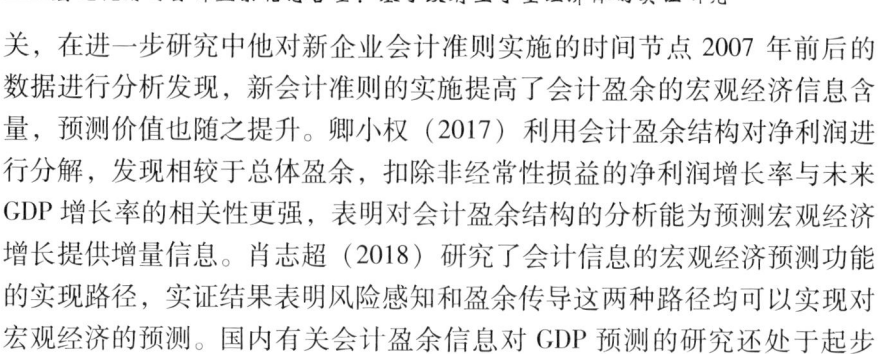

关，在进一步研究中他对新企业会计准则实施的时间节点 2007 年前后的数据进行分析发现，新会计准则的实施提高了会计盈余的宏观经济信息含量，预测价值也随之提升。卿小权（2017）利用会计盈余结构对净利润进行分解，发现相较于总体盈余，扣除非经常性损益的净利润增长率与未来 GDP 增长率的相关性更强，表明对会计盈余结构的分析能为预测宏观经济增长提供增量信息。肖志超（2018）研究了会计信息的宏观经济预测功能的实现路径，实证结果表明风险感知和盈余传导这两种路径均可以实现对宏观经济的预测。国内有关会计盈余信息对 GDP 预测的研究还处于起步阶段。目前对于会计信息的研究正追随着行业研究前沿的脚步，结合国内经济环境，对会计盈余与宏观经济数据的相关性进行研究。

第三节 理论分析与研究问题

一、会计盈余宏观预测价值的理论分析框架

整体会计盈余的信息含量包括未来总体现金流的信息和总体贴现率的信息。如果前者占据支配地位，整体会计盈余和市场收益正相关。如果后者占据支配地位，整体会计盈余和市场收益的关系，将取决于总体贴现率信息主要反映的是通胀预期还是实体经济产出信息。如果整体会计盈余与未预期的通胀正相关，那么整体会计盈余信息与未来总体现金流将呈负相关，并且未预期的通胀将抑制未来实体经济活动。什瓦库马（2007）指出，整体会计盈余将从三个角度对市场收益和经济活动产生影响：现金流量效应、对通胀产生影响的贴现率效应、及对实体经济产生影响的贴现率效应。从对实体经济产生影响的贴现率效应看，正面的整体会计盈余信息预示未来实体经济活跃，整体会计盈余信息对宏观经济有预测价值。从对通胀产生影响的贴现率效应看，整体会计盈余信息隐含未来通胀变化，以及市场利率变化。

基于上述分析，我们有理由认为，基于上市公司披露的信息计算的汇总季度会计盈余数据可能有效地帮助预测未来宏观经济变量，即会计盈余信息是否具有宏观预测价值。

二、目前宏观经济核算的不足和会计盈余的补充价值

我国宏观经济的核算过程包括对 GDP 历史数据的修订机制。我国支出法核算 GDP 分为年度核算和季度核算。年度支出法 GDP 核算数据的发布时间按初步核算、初步核实和最终核实三个步骤进行：第一，初步核算数在当年月度或季度统计资料的基础上进行核算，于次年 5 月在《中国统计摘要》和国家统计局网站上发布。第二，初步核实数主要利用统计年报资料进行核算，对初步核算数进行修订，并于次年 9 月在《中国统计年鉴》、国家统计局网站上发布。第三，最终核实数主要利用统计年报、部门统计和财政决算资料核算，对初步核实数进行修订，于隔年 5 月和 9 月在《中国统计摘要》《中国统计年鉴》、国家统计局网站及其他出版物上发布。数据发布的主要内容为支出法 GDP 总量、最终消费支出、资本形成总额、货物和服务净出口的构成和对经济增长的贡献率。在开展全国经济普查时，发现对支出法 GDP 数据有较大影响的新的基础资料，或统计指标口径、计算方法及分类标准发生变化时，也对支出法 GDP 历史数据进行修订和发布。比如，2013 年，按照我国国民经济核算制度和国际通行做法，由于资料来源和统计指标口径的调整，我国在支出法 GDP 数据修订的基础上，对 1978～2012 年支出法 GDP 历史数据进行修订。根据历年各种相关基础资料和统计指标口径调整情况，利用"趋势离差法"，对每一年的最终消费支出、资本形成总额、货物和服务净出口数据进行评估调整。GDP 年度初步核算数与调整数据如图 4－1、图 4－2 所示。

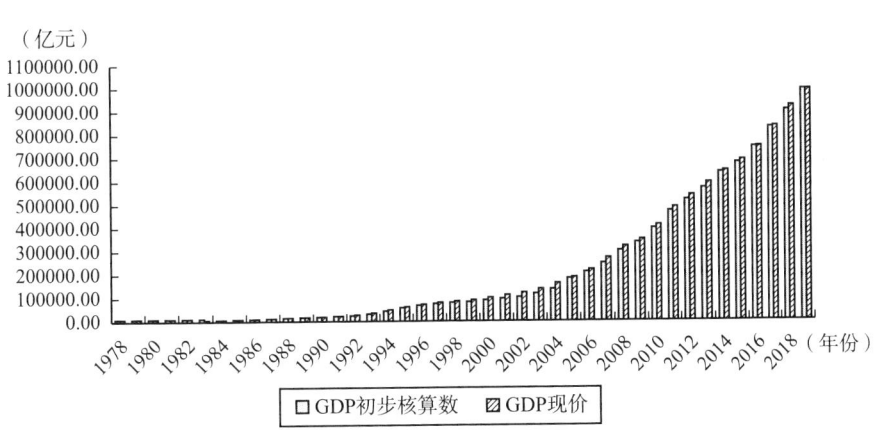

图 4－1　GDP 年度初步核算数与调整数据的柱状图

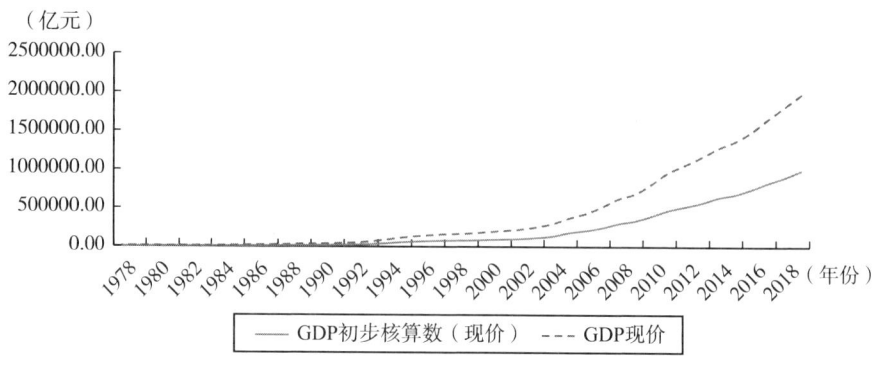

图 4-2　GDP 年度初步核算数与调整数的堆积拆线图

三、运用会计盈余预测宏观经济具有现实实例

利用会计盈余预测宏观经济走势具有实践基础。在资本市场中，证券机构的策略分析师在做投资策略分析时，经常依据总体上市公司的盈余公告（盈余预测公告、盈余预增公告），来预测未来宏观经济态势。例如，2014 年年初，著名证券公司的策略分析师根据银行业和房地产行业上市公司的盈余预增信息对 2013 年第四季度和 2014 年第一季度的宏观经济进行预测，并基于银行业和房地产行业上市公司的盈余信息推测 2013～2014 年的 GDP 会稳定增长，因此推测资本市场不具备较大的上涨或下跌空间。

基于以上三点分析，本书认为会计盈余对于宏观经济的预测具有前瞻性价值，并以北京市和省级数据（即省份层面的数据，下同）为主要研究对象。

第四节　研究设计

一、研究样本与数据来源

本章选取 2001 年 3 月～2016 年 9 月会计盈余和宏观经济数据为研究

样本。数据来源主要是 Wind 数据库和国家统计局的《中国统计年鉴》。由于 GDP 是本书研究的一个核心观察点，是研究的基础，但是由于中国的 GDP 统计数据包括国家和分省两个层面，而分省统计数据与国家层面统计数据经常存在差异，因此，本章分别选用国家层面和分省层面的季度 GDP 数据检验会计信息的宏观预测价值。

在样本区间的选择和数据来源方面，本章进行了交叉比较。文中的财务数据和宏观数据均以 Wind 数据库的数据为基础，对于一些不合理和不一致的数据，本章与《中国统计年鉴》和国泰安数据库进行了比对。分省份季度 GDP 增长率涉及 31 个省级单位。

二、模型设计和变量定义

我们借鉴科奇奇基和帕塔图卡斯（2014）考察会计盈余是否具有对未来 GDP 增长率的预测能力，即会计盈余是否具有宏观决策价值这一思路，这构成了我们研究宏观分析师在进行经济预测时是否有效利用微观企业披露的会计盈余信息的基础，具体研究模型如下。

$$GDP_{q+k} = \alpha_k + \beta_k \Delta AAE_q + \varepsilon_{q+k} \quad (4-1)$$

$$GDP_{q+k} = \alpha_k + \beta_k \Delta AAE_q + \gamma_k GDP_q + \varepsilon_{q+k} \quad (4-2)$$

1. 被解释变量。

经济增长指标选取季度 GDP 增长率，鉴于会计盈余指标不涉及年度物价变动的影响，因此与科奇奇基和帕塔图卡斯（2014）的做法相同，经济增长指标均为名义季度 GDP 增长率。

2. 解释变量。

本章参照科奇奇基和帕塔图卡斯（2014）的方法计算汇总会计盈余增长率指标。首先将每个公司年报中季度累计净利润调整为各季度当期净利润，并除以各公司该季度的营业收入，得到 $X_{i,q}$；其次，计算各公司各季度相比于上年同季度 $X_{i-1,q}$ 的增长率 $\Delta X_{i,q}$[即 $(X_{i,q} - X_{i-1,q})/|X_{i-1,q}|$]；最后，以上市公司在各季度期初的总市值作为加权基础，对所有上市公司在各季度的 $\Delta X_{i,q}$ 进行加权平均，得到 ΔX_q，具体包括国家层面汇总的会计盈余增长率和分省层面汇总的会计盈余增长率。

政府干预指标、法律环境指标分别取自樊纲发布的《中国市场化指数——各地区市场化相对进程 2011 年报告》中"减少政府对企业干预"指数和"市场中介组织和法律制度环境"指数。"减少政府对企业干预"

指数值越大，表明政府干预的强度越小；"市场中介组织和法律制度环境"指数值越大，表明法律环境越好。由于 2011 年的报告中只涉及了各省市 1999~2009 年的得分情况，与现有文献做法相同，此后年度我们取值和 2009 年相同。同时，本书根据各年披露的数值进行排序，然后取平均值进行标准化处理，使衡量结果更为平稳。

第五节 实证分析

一、描述性统计

在变量的描述性统计中，2001~2016 年的季度数据显示全 A 上市公司的营业利润中位数是 10.56，平均值是 10.03；北京市上市公司的营业利润中位数是 12.64，平均值是 12.47；北京 GDP 累计值是 7289，中位数是 5452，同比增长平均是 9.5，中位数是 9.32（见表 4-1）。表 4-2 为相关系数。

表 4-1　　　　季度数据的描述性统计（以北京市数据为例）

变量	数据量	均值	标准差	中位数	最小值	最大值
全 A 营业利润	61	10.03	3.090	10.56	0.0500	15.10
北京营业利润	61	12.47	4.010	12.64	2.600	20.74
全 A 净利润	61	7.340	2.550	7.970	0.130	10.71
北京净利润	61	9.110	3.130	9.890	2.040	14.40
GDP 现价当季值	61	93836	51575	83981	26295	192000
北京 GDP 累计值	61	7289	5633	5452	584.5	23015
北京 GDP 累计同比	61	9.320	3.260	9.500	0	15.40

资料来源：Wind 数据库，并与国家统计局的《中国统计年鉴》和国泰安数据库进行了对比，本节其他表格的资料来源与此相同。

表4-2　　　　　　　　相关系数（obs=61）

变量	全A营业利润	北京营业利润	全A净利润	北京净利润	GDP现价当季值	北京GDP累计值	北京GDP累计同比
全A营业利润	1						
北京营业利润	0.904	1					
全A净利润	0.971	0.906	1				
北京净利润	0.832	0.950	0.859	1			
GDP现价当季值	0.383	0.488	0.497	0.560	1		
北京GDP累计值	0.0126	0.133	0.141	0.212	0.804	1	
北京GDP累计同比	-0.0709	0.00290	-0.133	-0.0621	-0.374	-0.225	1

二、北京市上市公司会计盈余与GDP的实证分析

表4-3报告了以北京市上市公司的数据为基础显示的会计盈余与GDP的相关性。数据显示，北京市上市公司整体营业利润或净利润，与北京市GDP值或GDP增长率显著相关。

表4-3　　会计盈余与GDP的实证检验结果（以北京市数据为例）

变量	北京GDP累计同比	北京GDP累计同比	北京GDP累计值
北京营业利润	-0.187** (0.0831)		
北京净利润		-0.322*** (0.104)	381.5** (179.8)
常数项	12.19*** (1.003)	12.81*** (0.943)	3814** (1851)
样本数	58	58	61
R^2	0.081	0.148	0.045
F-test	5.063	9.530	4.502
Log likelihood	-133	-130.8	-611.5

注：（1）括号中的值表示稳健标准误差。
（2）***p<0.01，**p<0.05，*p<0.1。

表4-4显示北京市上市公司整体净利润会计信息对北京市GDP延后直到四期还有相关性，具有预测价值。虽然可能还存在其他原因和解释，例如，北京市GDP在过去的十六年间一直处于平稳发展的状态；北京市的上市公司非常优质，能够一直保持盈余能力和成长能力。仔细分析北京市上市公司和经济形状，可以发现北京的产业结构经历了比较大的良性发展。具体来说，三次产业之间的比例关系持续明显地改善，产业结构日趋合理：第一产业在GDP中的比重呈现先上升后下降的态势，同时内部结构得到较大改善，传统农业所占比重不断下降，都市型现代农业强势发展；第二产业的比重经历了持续下降的过程；第三产业在国民经济中的比重则处于不断上升的过程之中，占比超过了3/4。上市公司的产业模式高端化明显，互联网和高科技企业盈利能力强劲，成长性优越。

数据显示，就北京市而言，上市公司整体会计盈余数据有必要在预测和理解宏观经济的过程中加以运用，即理解北京的上市公司会计盈余可能有助于预测北京的GDP。

表4-4　　整体净利润与GDP的实证检验结果（以北京市数据为例）

变量	北京GDP累计值	北京GDP累计值1	北京GDP累计值2	北京GDP累计值3	北京GDP累计值4
北京净利润	381.5 ** -179.8	1123 *** -157.1	970.7 *** -193.4	751.0 *** -209.6	396.8 ** -180.3
常数项	3814 ** -1851	-2813 ** -1112	-1310 -1405	821.9 -1670	4098 ** -1807
样本数	61	60	59	58	57
R^2	0.045	0.393	0.29	0.176	0.05
F-test	4.502	51.15	25.2	12.83	4.844
Log likelihood	-611.5	-587.9	-583	-577.2	-571.1

注：*** $p<0.01$，** $p<0.05$，* $p<0.1$。

三、基于省级数据分析会计盈余与GDP关系

1. 省级数据的分析。

我们基于省级数据检验了北京市数据所展示出的关系。数据显示，该

数据关系在大部分省份的数据中也存在。表4-5列示了几个省的示例，数据显示，北京市总体会计盈余与GDP存在显著相关的关系，在东部省份广东、浙江以及中西部省份安徽、山西和青海，也存在这种显著的相关。会计盈余数据对于GDP有增量预测作用，但是我们的数据也显示，有部分省份并没有展示出这种数据规律。

表4-5　　　　　会计盈余与GDP的实证检验结果（以省级数据为例）

变量	北京GDP累计同比	安徽GDP累计同比	山西GDP累计同比	广东GDP累计同比	浙江GDP累计同比	青海GDP累计同比
北京净利润	-0.322*** (0.104)					
安徽净利润		0.153*** (0.0486)				
山西净利润			0.555*** (0.155)			
广东净利润				817.1** (334.5)		
浙江净利润					-0.633*** (0.122)	
青海净利润						0.0829** (0.0412)
常数项	12.81*** (0.943)	10.73*** (0.307)	6.154*** (0.936)	17.545*** (3.063)	14.56*** (0.782)	10.96*** (0.431)
样本数	58	60	54	61	56	55
R^2	0.148	0.069	0.118	0.042	0.283	0.079
F-test	9.530	9.907	12.85	5.969	26.83	4.054
Log likelihood	-130.8	-126.5	-162.4	-682.1	-131.8	-113.9

注：*** $p<0.01$，** $p<0.05$，* $p<0.1$。

2. 政府主导型经济的影响。

会计信息是企业诸多披露内容中的一项综合性信息，涉及微观层面和

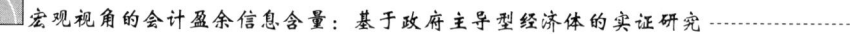

宏观层面，不仅是企业过去和当期经营绩效的反映，也蕴含着对未来收益和投资机会的信息（Lewellen，2014）。但是，在我国政府主导型经济中，宏观经济的发展和趋势会受到各种层面的政府干预因素影响。

（1）财政干预产生的影响。表4-6和表4-7显示，省级政府的财政预算干预（含财政税收干预）、财政支出干预、省份人均GDP、省城市化率、外商投资总额对省级GDP都有非常显著的影响。在控制了这些变量因素之后，会计盈余数据对于GDP的前瞻性影响依然存在。但是，数据也显示，会计盈余与GDP的相关性受到政府财政干预的影响，会计盈余解释变量的显著性在不同模型中有一定的变化。

表4-6 控制政府干预变量后会计盈余与GDP的实证检验结果（以省级数据为例）

变量	省份GDP累计值	省份GDP累计值	省份GDP累计值	省份GDP累计值	省份GDP累计值	省份GDP累计值
省份营业利润	4.041 (20.76)	-19.54 (20.72)	-26.73 (19.99)	-51.37*** (17.69)	-46.93*** (17.15)	-42.25** (17.32)
预算干预		20758*** (3392)	33712*** (3461)	-1654 (3470)	15120*** (3798)	11671*** (4220)
支出干预			-12670*** (1113)	-7476*** (1012)	-15909*** (1139)	-15765*** (1141)
省份人均GDP				0.194*** (0.00898)	0.363*** (0.0149)	0.371*** (0.0155)
省份城市化率					-331.7*** (23.59)	-347.4*** (25.03)
外商投资总额						4728* (2531)
常数项	6934*** (240.1)	4778*** (414.5)	6531*** (428.6)	3228*** (408.4)	14670*** (902.0)	15190*** (943.4)
样本数	1767	1655	1651	1651	1605	1605
R^2	0.000	0.022	0.094	0.293	0.371	0.372
F-test	0.0379	18.73	56.69	170.6	188.7	158.1
Log likelihood	-18442	-17232	-17129	-16924	-16376	-16375

注：*** $p<0.01$，** $p<0.05$，* $p<0.1$。

表4-7　控制政府干预变量后会计盈余与GDP（增长率）的实证检验结果（以省级数据为例）

变量	省份GDP累计同比	省份GDP累计同比	省份GDP累计同比	省份GDP累计同比	省份GDP累计同比	省份GDP累计同比
预算干预		74424 *** (1708)	73740 *** (1808)	86823 *** (1928)	100553 *** (2101)	98184 *** (2331)
支出干预			672.9 (579.2)	-1281 ** (562.1)	-3651 *** (628.9)	-3554 *** (629.4)
省份人均GDP				-0.0725 *** (0.00500)	-0.0535 *** (0.00824)	-0.0479 *** (0.00856)
省份城市化率					-66.62 *** (13.02)	-77.31 *** (13.79)
外商投资总额						3249 ** (1391)
省份净利润	57.05 ** (22.60)	-59.54 *** (15.55)	-59.39 *** (15.57)	-38.64 *** (14.73)	-47.68 *** (14.78)	-43.72 *** (14.85)
常数项	985.3 *** (184.3)	-6360 *** (208.9)	-6451 *** (223.9)	-5240 *** (226.9)	-3239 *** (499.2)	-2884 *** (521.3)
样本数	1767	1655	1651	1651	1605	1605
R^2	0.004	0.536	0.537	0.589	0.633	0.634
F-test	6.373	954.9	635.5	589.6	551.8	462
Log likelihood	-17897	-16090	-16052	-15953	-15423	-15421

注：*** $p<0.01$，** $p<0.05$，* $p<0.1$。

中国作为一个社会主义市场经济国家，最明显的特色就是政府对于市场经济拥有强有力的影响力：政府拥有巨大的可供自己直接支配的经济资源、政府部门掌握大量的政策资源、政府本身成为市场主体以及政府主导市场经济的发展。从经济政策方面，政府主导型的经济中，政府的经济政策往往会对市场和经济造成比较大的影响。财政支出等在拉动经济增长的同时，也会对收入分配等方面产生影响。在政府主导的经济体制当中，财政政策和货币政策对市场的调节作用更强力。数据显示，预算干预可能通过财政行为或财政政策的形式，对GDP有非常显著的正相关关系，而财政支出干预有非常显著的负相关关系。人均GDP与省份GDP正相关，城市化率与省份GDP负相关。

（2）市场化指数产生的影响。在市场和法律不是非常完善的转型经济体中，上市公司的会计盈余信息依然具有宏观决策价值，这也在一定程度上表明，随着市场化的深入、股权分置改革等基础制度的改善以及会计信息质量的提高，中国资本市场上市公司的业绩具有了提前反映宏观经济趋势的"晴雨表"功能。

表4-8显示了市场化指数的影响，市场化指数越高意味着所在省的市场化程度高。数据显示，市场化指数与省份GDP负相关。在控制了市场化指数后，会计盈余与GDP的相关关系在降低。回归式2-4（表4-8中的3~5列），回归式5-7（表4-8中的6~8列）是分组回归的结果，数据显示，在市场化水平较高的第一组和第二组，会计盈余与GDP负相关，而在市场化水平较低的省份，会计盈余与GDP相关性不显著。

表4-8　　　　控制市场化指数变量后会计盈余与
GDP的实证检验结果（以省级数据为例）

变量	省份GDP累计值	省份GDP累计值	省份GDP累计值	省份GDP累计值	省份GDP累计值	省份GDP累计值	省份GDP累计值
省份营业利润	-50.92 (38.45)	-345.9 *** (75.48)	-340.7 *** (79.86)	-4.028 (8.260)			
预算干预	11408 *** (2565)	100905 *** (17256)	20008 (26571)	18273 ** (7546)	85235 *** (17488)	24076 (27683)	20293 *** (7710)
支出干预	-11333 *** (717.0)	-78855 *** (12797)	-8494 (10811)	-6207 *** (754.9)	-67834 *** (12740)	-8662 (11284)	-6143 *** (749.3)
省份人均GDP	0.358 *** (0.0269)	0.402 *** (0.0373)	0.259 *** (0.0316)	0.185 *** (0.0367)	0.404 *** (0.0378)	0.247 *** (0.0331)	0.181 *** (0.0364)
省份城市化率	-420.8 *** (33.89)	-590.9 *** (50.25)	-181.8 *** (43.28)	-135.7 *** (29.58)	-598.8 *** (51.56)	-154.6 *** (42.71)	-134.4 *** (29.32)
外商投资总额	1038 (1492)	456.2 (6059)	-41839 *** (16120)	-2255 *** (723.9)	1261 (6200)	-47914 *** (16772)	-2417 *** (743.4)
市场化指数二	-2931 *** (548.4)						

续表

变量	省份GDP累计值	省份GDP累计值	省份GDP累计值	省份GDP累计值	省份GDP累计值	省份GDP累计值	省份GDP累计值
市场化指数三	-6593*** (513.7)						
省份净利润					-232.7*** (85.97)	-229.7*** (78.41)	-18.73 (13.52)
常数项	21633*** (1591)	32684*** (2490)	12045*** (1963)	4669*** (1254)	31760*** (2492)	10038*** (1755)	4547*** (1252)
样本数	1605	530	540	535	530	540	535
R^2	0.427	0.368	0.322	0.359	0.355	0.283	0.361
F-test	167.5	38.55	39.29	39.96	38.86	35.96	39.80
Log likelihood	-16302	-5563	-5361	-4911	-5569	-5376	-4910

注：*** $p<0.01$，** $p<0.05$，* $p<0.1$。

数据结果与政府主导型经济体的特征相一致。施莱弗和维什尼（1994）通过对多个国家数据的分析，指出政府干预对企业决策影响重大。克里斯坦森（2009）同时指出，政府干预对会计政策的执行影响较大。林毅夫和李志赟（2004）认为政策性负担将给企业职业经理人带来道德风险，从而影响企业行为，降低企业运行效率。朱茶芬和李志文（2009）指出，政府干预对上市公司会计盈余的影响是负面的，并且这种影响在国有企业中尤为突出。

四、全A上市公司会计盈余与GDP的关系

我们检验了全A上市公司总会计盈余与GDP的相关性。数据显示，会计盈余与GDP显著正相关。表4-9季度数据显示，全A营业利润与GDP显著正相关，全A营业利润与当季度GDP的相关系数是0.639，与下一季度GDP的相关系数是0.816，与下第二季度GDP的相关系数是0.759，与下第三季度GDP的相关系数是0.696，与下第四季度GDP的相关系数是0.665，都在1%水平显著。

表4-9 全A上市公司总会计盈余与GDP的实证检验结果（季度数据）

模型一

变量	GDP 当季0	GDP 当季0	GDP 当季1	GDP 当季1	GDP 当季2	GDP 当季2	GDP 当季3	GDP 当季3	GDP 当季4	GDP 当季4
全A营业利润	0.639*** (0.180)		0.816*** (0.178)		0.759*** (0.186)		0.696*** (0.180)		0.665*** (0.182)	
全A净利润		1.007*** (0.183)		1.189*** (0.180)		1.127*** (0.185)		1.059*** (0.178)		1.031*** (0.182)
常数项	2.972 (1.909)	1.993 (1.411)	1.334 (1.783)	0.802 (1.282)	2.050 (1.903)	1.403 (1.366)	2.819 (1.886)	2.055 (1.355)	3.216 (1.932)	2.351* (1.400)
样本数	61	61	60	60	59	59	58	58	57	57
R^2	0.146	0.247	0.244	0.352	0.213	0.320	0.184	0.289	0.172	0.282
F-test	12.56	30.18	20.89	43.66	16.64	37.02	14.93	35.26	13.32	32.27
Log likelihood	-181.3	-177.4	-174.3	-169.7	-172.3	-168	-170	-166	-167	-163

模型二

变量	GDP 当季1	GDP 当季1	GDP 当季2	GDP 当季3	GDP 当季4
全A营业利润	30.244*** (0.0443)	0.207*** (0.0402)	0.159*** (0.0415)	0.0353** (0.0167)

续表

模型二

变量	GDP 当季1	GDP 当季1	GDP 当季2	GDP 当季2	GDP 当季3	GDP 当季3	GDP 当季4	GDP 当季4
全A净利润		0.300*** (0.0574)		0.255*** (0.0461)		0.197*** (0.0487)		0.0498** (0.0211)
GDP当季	0.932*** (0.0395)	0.913*** (0.0433)	0.953*** (0.0335)	0.937*** (0.0351)	0.966*** (0.0274)	0.953*** (0.0282)	1.044*** (0.00953)	1.040*** (0.0104)
常数项	−1.537*** (0.272)	−1.126*** (0.229)	−1.109*** (0.358)	−0.754** (0.285)	−0.504 (0.379)	−0.240 (0.295)	0.323** (0.145)	0.355*** (0.116)
样本数	60	60	59	59	58	58	57	57
R^2	0.964	0.963	0.957	0.955	0.952	0.951	0.995	0.995
F−test	929.4	892.6	496.6	494.6	630.7	615.1	7896	8214
Log likelihood	−82.83	−84.17	−86.80	−87.63	−87.86	−88.22	−21.40	−20.98

注：*** $p<0.01$，** $p<0.05$，* $p<0.1$。

全A净利润也与GDP显著正相关，全A净利润与当季度GDP的相关系数是1.007，与下一季度GDP的相关系数是1.189，与下第二季度GDP的相关系数是1.127，与下第三季度GDP的相关系数是1.059，与下第四季度GDP的相关系数是1.031，也都在1%水平显著。

表4-10显示了年度数据的回归结果。年度数据显示，分析结果与季度数据的结果相一致，全A上市公司总会计盈余与GDP显著正相关。研究中，我们进一步检验了政府的宏观经济目标，对模型进行分析。数据显示，政府的GDP目标对下一期的实际GDP结果会产生显著影响，存在显著正相关关系。而政府目标中的固定资产投资目标和城镇新增就业目标虽然与之正相关，但不显著。其中，一方面原因是，后两个目标在政府行为中的决策权重较小且更加间接；另一方面原因是，政府的GDP目标已经包含了固定资产投资目标和城镇新增就业目标的作用和影响。

表4-10　全A上市公司总会计盈余与GDP的实证检验结果（年度数据）

变量	GDP	GDP	GDP	GDP	GDP	GDP	GDP	GDP
全A 利润总额	0.0236*** (0.00540)		0.0305*** (0.00855)		0.0297** (0.0128)		0.0373* (0.0171)	
全A 营业利润		0.0233*** (0.00797)		0.0234** (0.00852)		0.0232* (0.0118)		0.0212 (0.0250)
政府目标 GDP同比			1.872*** (0.277)	2.022*** (0.386)	1.566** (0.567)	1.617** (0.611)	1.910*** (0.513)	2.245** (0.672)
政府目标 固定资产投资					0.00764 (0.0342)	0.00654 (0.0363)	-0.0563 (0.0586)	-0.0799 (0.0654)
政府目标城镇 新增就业							-0.00256 (0.00217)	-0.00312 (0.00254)
常数项	8.767*** (0.401)	8.815*** (0.413)	-5.904** (2.101)	-6.888** (2.970)	-3.874 (3.894)	-4.135 (4.170)	-3.152 (3.479)	-4.514 (4.757)
样本数	24	24	22	22	16	16	12	12
R^2	0.224	0.192	0.701	0.633	0.647	0.603	0.715	0.640
F-test	19.15	8.558	41.81	17.11	7.844	6.443	8.525	7.098
Log likelihood	-44.43	-44.91	-24.84	-27.10	-16.35	-17.28	-10.61	-12.02

注：*** $p<0.01$，** $p<0.05$，* $p<0.1$。

五、稳健性检验

限于篇幅，稳健性检验的数据没有列出。我们对上述的研究发现进行了多种稳健性检验。

1. 控制年度和季度效应的稳健性检验。

鉴于我国 GDP 季度同比增长率数据可能存在序列相关性，在稳健性检验中，我们利用 ADF 单位根检验法对 GDP 季度同比增长率序列的平稳性进行检验，发现在 1% 的显著性水平上拒绝 GDP 季度同比增长率序列存在单位根（非平稳）的原假设。为稳健起见，我们在控制年度和季度虚拟变量后，实证检验结果总体上与上文基本一致。

2. 宏观经济增长指标的稳健性检验。

本章选取工业增加值及综合反映工业用电量、中长期贷款余额和铁路运货量增速的克强指数两个宏观经济指标，对本章观点做了进一步的补充检验，与前面实证结果相比，结果并未发生本质改变。

3. 政府干预指标、市场化指数、制度环境指标的稳健性检验。

地区市场化进程越快，相应地政府干预程度越低，该地区的法律环境和投资者保护水平越好。因此，本章采用樊纲发布的《中国市场化指数——各地区市场化相对进程 2011 年报告》中的市场化指数对制度环境的影响做进一步的检验。实证结果表明，分省汇总的会计盈余增长率与未来 GDP 增长率显著正相关，并且市场化指数与分省汇总会计盈余增长率交互项的回归系数显著为正，这说明市场化进程的加快明显改善了会计信息宏观预测价值。

第六节 结 论

研究发现，总体会计盈余具有一定的宏观信息含量，总体会计盈余增长能够在一定程度上反映和预测 GDP 增长。北京市的数据显示，北京市上市公司整体会计盈余与北京市 GDP 和 GDP 增长率都存在显著的相关性，对于预测北京市 GDP 未来一至四季度的变化都有增量预测价值。北京市的数据结论与其他大部分省份的数据结论相同。此外，会计盈余与 GDP 的相关性会受到政府财政干预的影响，会计盈余解释变量的显著性在不同

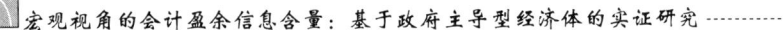

模型中有一定的变化。季度数据和年度数据都显示全 A 会计盈余与国家 GDP 显著正相关。政府的 GDP 目标对下一期的实际 GDP 结果会产生显著影响，存在显著正相关关系。

　　本章的研究内容拓展了关于会计盈余信息含量的研究。关注北京市上市公司整体会计盈余的信息含量，研究省级和中国的整体会计盈余与宏观经济的相关性，有利于更加前瞻地理解整体会计盈余对于宏观经济走向的增量意义。

　　本章的研究贡献可能主要体现在以下两个方面：第一，研究结果拓展了整体层面会计盈余信息含量的研究，发现了整体会计盈余所包含的宏观经济的附加信息，以及提供证据表明会计盈余对于宏观经济具有预测价值。第二，研究结果证明了会计盈余包含宏观经济的附加信息，对于预测宏观经济走向有增量预测价值。一方面，本研究有助于理解并降低 GDP 修订差额，有助于更及时地理解市场和经济走向等，能够帮助宏观经济研究者和宏观经济分析人员更好地理解和预测宏观经济走势。另一方面，本章的研究结果表明会计信息可以作为宏观经济政策（货币政策）的先决指标，这对投资者和市场分析者预测宏观经济政策的动向有现实意义。

第五章

实体经济效应：上市公司会计盈余与宏观经济投资率

第一节 引 言

我国的投资率过高一直是学术界讨论的话题。我国投资率高于世界平均水平，波动明显且整体上呈现稳步上扬和逐渐稳定的趋势。伴随着投资率的过度上升，我国宏观投资效率下降，金融风险增加。投资率的大幅攀升是中国资本回报率下降的主要因素，且第二产业和第三产业比重对投资回报率有显著的正向影响。

城市化、传统文化和社会福利因素、工业化和城市化因素、外商直接投资增长、较高的预期投资回报等是形成我国高投资率的一些重要原因。大部分学者认为，中国的高投资率是以牺牲投资效率为代价的，过高的投资率不利于中国经济增长方式的转变和可持续发展。不管是境内投资率还是国民投资率，中国都远高于发达国家和新兴经济体，在控制高经济增长率的情况下仍然如此。中国的高投资率是低效率、不合理的，若能降低国民投资率，同时改善投资效率，中国经济的 GDP 增长率并不会出现大幅下降。在经济指标方面，中国统计数据可能存在误差，从克强指数出发，通过行业直接采集的水泥、钢铁、用电量三个指标来反映中国的投资情况可能导致投资率被高估。

本章选取 1990~2016 年上市公司会计盈余和宏观经济投资率数据为研究样本，对上市公司会计盈余与宏观经济投资率的相关关系进行了研究。研究数据显示：上市公司会计盈余与宏观经济投资率显著相关。在政府干预因素中，预算干预和支出干预与投资率显著正相关，与投资总额显著负相关。

第二节 文献回顾

一、我国投资率现状及成因的相关研究

改革开放以来，投资率一直是学术界讨论的话题，大部分学者认为中国的投资率过高。韩旺红（2005）通过对比我国投资率与国际投资率，发现我国投资率明显超过世界各国的平均水平，高于不同收入层次国家的平均水平，波动明显且整体上呈现稳步上扬和逐渐稳定的趋势。分阶段看，我国1952~1985年的投资率上升幅度大，速度快；1985年以后，投资率上升幅度变小，速度变慢，投资率变化日趋平缓。白重恩、张琼（2014）认为投资率是否合适不是国际比较和历史比较就能回答的问题。他们从投资效率角度出发，利用资本边际产出（MPK）指标法衡量了我国资本回报率。并在此基础上考察了中国1978~2012年资本回报率的地区差异及随时间变化的内在影响机制，最终得出中国投资率过高的结论。特别是2008年金融危机以来，投资率的大幅攀升是中国资本回报率下降的主要影响因素，且第二产业和第三产业比重对投资回报率有显著的正向影响。李同宁（2008）通过对中国历史数据及国际间数据的比较，得出中国投资率过高且持续时间较长，经济风险较大。伴随着投资率的过度上升，宏观投资效率降低，金融风险加大。其通过我国与东亚地区的经济体的比较，发现中国高投资率持续时间较长，并通过韩国、泰国和马来西亚等国高投资率的终结与1997年爆发的亚洲金融危机之间的关系，得出投资率持续高位时经济风险较大。此外，其通过增量资本产出比（ICOR）的计算，得出中国高投资率是以牺牲投资效率为代价的，过高的投资率不利于中国经济增长方式的转变和可持续发展。李稻葵、徐欣、江红平（2012）从福利经济学角度出发，运用 Backward Integration 数值模拟方法对中国经济福利最大化的投资路径进行了估计，并测算了中国实际投资路径偏离最大化路径带来的福利及 GDP 损失，得出不管是境内投资率还是国民投资率，中国都远高于发达国家和高速发展阶段的新兴经济体，在控制高经济增长率的情况下仍然如此。中国的高投资率是低效率、不合理的，若能降低国民投资率，同时改善投资效率，中国经济的 GDP 增长率并不会出现大幅下降。

吴海英、余永定（2015）认为全社会固定资产投资增速持续高于经济增速、投资率过高而投资效率低是中国目前经济结构调整中面临的最主要问题。他们从中国固定资产投资增速长期明显高于GDP增速而投资率基本稳定这一矛盾现象出发，通过统计局公布的固定资产投资数据及官方调整方法计算得出固定资产形成额，以此调整得出的投资率已接近60%，大大高于官方公布的投资率。

当然，也有部分学者认为中国的投资率其实是虚高。刘慧勇（2006）认为投资与消费之间的关系会受到价格因素的影响，在不同国家投资率的对比中，价格因素的影响会更大。要对投资率进行有意义的国际对比，就需要对各国的价格进行调整。其通过计算得出：剔除消费价格明显偏低的价格结构因素影响后，我国目前的实际投资率并不比世界同等收入水平国家的投资率高。王秋石、王一新（2014）认为中国存在着较为严重的投资高估，剔除高估部分，中国的真实投资效率将会更高，投资率将更低，对投资的有效需求会更加旺盛。他们通过经济逻辑和经济指标的佐证，来证明其观点。经济逻辑方面，从经济学理论可以得出：一国长期投资过热—该国出现较高通货膨胀—出现较为严重的产能过剩—出现经济危机，由中国经济未出现危机得出中国投资率被高估。在经济指标方面，他们认为中国统计数据存在水分，故其从克强指数出发，通过行业直接采集的水泥、钢铁、用电量三个指标来反映中国的投资情况，由此得出中国的投资率被高估。

鉴于中国的名义投资率过高，一些学者对此给出了解释。姚枝仲（2004）认为城市化是中国投资率过高的原因，其先对导致中国投资率较高的两种可能因素（工业化的推动和中国预算软约束依然存在，中国国企及地方政府存在投资冲动）给出了否定意见，然后从固定资产投资中的基础设施投资和房地产投资较设备及其他投资大，以及建材价格比设备价格上涨更快，得出城市化是中国投资率过高的原因。韩旺红（2005）从长期和短期两个角度分析了我国固定资产快速增长的原因。长期原因包括：我国工业化进程尚未完成及新一轮"重化工业化"的实施；居民的消费率较低；长期经济快速增长的客观要求；政府的大力推进；城市化进程的持续和加速。短期原因包括：扩张性宏观调控政策的累计效应；新一轮经济增长周期的推动作用；充足的投资资金来源；利息率水平的变动；房地产投资增速加快，国际游资不断流入。杨飞虎（2007）分析了我国当前经济运行中的高投资率现状，指出传统文化和社会福利因素、工业化和城市化因素、外商直接投资增长、较高的预期投资回报是我国高投资率形成的重要原因，认为当前我国高投资率具有客观合理性，并将在中长期内保持下去。孙文凯、肖耿、杨秀科（2010）通过对中日美资本回报率及其影响因素的计算，得出以下结论：中国的高投资率源于高投资回报，由于中国的劳动者份额及资本—产出比仍处于较低的水平，中国的高资本回报率将会维持相当长一段时间，投资率差异会持续。刘慧勇（2012）认为我国投资率不降反升的原因如下：人均收入提高；贫富差距扩大；贸易顺差扩大；项目造价虚高因素导致的投资对消费高比价，向上扭曲投资率；城乡房租与其他服务业增加值的统计遗漏，向下扭曲消费率。

二、会计盈余对宏观经济指标影响的相关研究

现有研究发现，整体会计盈余具有特殊的信息含量，整体盈余与期望利率及期望未来现金流成正相关关系，整体体盈余与同期的宏观经济增长也显著正相关。整体水平的盈利能力对未来经济增长具有增量预测信息，且整体盈余的增长与未来名义 GDP 增长率正相关，能够解释专业经济分析师的 GDP 预测误差，相对于广受认可的能够预测经济增长的指标，整体体盈余仍然具有增量信息含量。主要表现在：整体盈余变化量与通货膨胀正相关，能反映未来折现率、通货膨胀的信息。一方面由于整体盈余增加而导致投资需求增加，但生产资料在短期内的供给并非完全弹性，则导致生产资料价格增长；另一方面是由于整体盈余增加导致消费需求增加，而消费品供给在短期内也非完全弹性，则消费品价格增加。这些研究表明，整体盈余作为公司盈余的综合，不仅是公司盈利信息的整体体现，还具有自身独特的信息含量，对未来宏观经济活动能产生一定的影响。综上所述，会计盈余作为企业一项重要的会计信息，不仅在企业层面上具有一定的信息含量，能够预测股价和企业未来等，还能对宏观经济起到一定的预测作用。

第三节 理论分析与研究假设

一、会计盈余与宏观经济投资率

会计盈余具有实体经济效应，它会影响实体经济活动。会计盈余会提

升企业部门的资金实力,推动盈利和行业前景的乐观估计,可能直接推动所有经济组织的资本支出、研发支出和人员聘用。会计盈余会提升管理层信心,推动企业部门投资,活跃经济。投资、研发和扩张等活跃的企业部门的经济活动,推动了雇员需求的增长,产生了对企业前景、行业前景及经济前景的良性预期。

1. 会计盈余与投资活动。

会计盈余的增长会促进投资活动。从企业内部视角来看,会计盈余是企业进行继续扩张和发展的良好契机,能提高他们对于公司经营状况的评价,并且对企业的未来预期更加自信,从而积极地开展投资活动。从行业外部视角来看,良好的经营成果和盈利水平会使企业甚至整个行业更容易获得社会投资,并且刺激外部对企业和行业的投资意向,从另一方面影响整个社会的投资热情和投资取向。

2. 会计盈余与宏观经济投资率(资本形成率)。

会计盈余影响投资率的基准(贴现率),从而影响宏观资本形成率。一般而言,投资通过两种途径来实现经济增长:一是短期的需求效应,即投资是总需求的一个组成部分,投资增长能够直接拉动总需求的增长,从而带动总产出水平的增长;二是长期的供给效应,即从供给方面来说,投资可以形成新的后续生产能力,为长期的经济增长提供必要的物质和技术基础。

3. 指标计量上的相通性。

投资回报率是被普遍接受的用于衡量资本投资效率并为投资决策提供重要参考的指标。投资回报率是指平均每一单位投资所能获得的投资收益(这通常与衡量整体投资效率的"平均投资回报率"相关),或单位投资所能实现的边际投资收益(这通常与用于投资决策的"边际投资回报率"相关),但无论如何,投资回报率衡量的都是流量增量收益与存量投资积累之间的比值关系。

估计资本的投资回报率(通常被简称为"资本回报率")的方法虽然很多,但大致可以归结为两类。第一类方法更多地应用于微观层面,以企业的财务报表数据为基础,估计企业的资本回报率,有时也被称为"利润率"。比较典型的如以会计盈余为基础的施蒂格勒(Stigler, 1963)和鲍莫尔(Baumol, 1970)的研究,以及以市场价值为基础的米勒和里尔登(Mueller and Reardon, 1993)与法玛和法兰奇(1990)的研究。第二类方法更多体现在宏观层面上,以学者所估计得到的资本存量为基础来计算。

比较典型的是用产出对资本存量进行回归得到资本的边际生产率之后计算相应的投资回报率（龚六堂和谢丹阳，2004），以及基于租金公式的直接估计（Bai，2006）。

4. 指标计量上各有利弊。

微观层面的资本回报率有利于通过经验分析来解释企业间资本回报率的差异，但对中国而言，这一方法却因微观数据的问题具有很大的局限性。一是微观数据要么局限于上市公司，要么局限于工业企业，都不具有全面的代表性。二是样本的代表性会随着时间不断变化。比如工业企业数据库中不包含规模以下的非国有企业。随着经济的增长和价格的上涨，越来越多的企业进入样本，如果不对此变化进行较好的控制，那么得出的结论将是有偏差的。

宏观层面的资本回报率虽然样本数量有限，但具有涵盖整个经济体从而更为综合全面的优势。在相关方法中，回归的方法往往因为遗漏变量所导致的内生性问题而使估计的资本回报率备受质疑。因此，鲍伊（Bai，2006）的方法因其简单直观且有效而被广泛地使用。如单豪杰和师博（2008）、曹跃群（2009）、陈立泰（2010）、孙文凯（2010）、刘江和吴军（2012）、黄先海（2011）以及方文全（2012）的研究，或从全国层面或从省际层面估计了中国工业部门、农业以及服务业的资本回报率，或区分不同年份资本的异质性进行估算所得的资本回报率的绝对值水平和相对变化趋势存在较大区别，这其中最根本的原因是不同学者所使用的资本存量相去甚远。

基于以上分析，提出研究假设1。

假设1：宏观经济投资与上市公司总体会计盈余正相关。

二、干预型经济体与宏观经济投资率

政府主导型经济体会对宏观经济投资率产生重大影响。从投资方面来讲，中国的政府投资比重较大。根据发改委官方统计，中国的政府性投资约占总固定资产投资的40%左右[①]。政府投资对经济增长有带动作用，并且可以弥补民间投资鲜少涉足的公共基础设施等收益不明显的方面。同时，各个地方政府所带来的政府干预也会削弱、扭曲市场机制的作用，阻

---

① 比重有逐年降低的态势。

碍资源的优化配置，进而对公司投资、创新产生负面影响。

另外，企业投资的取向、规模及其形成资产的过程，不仅受企业所有权控制模式和资产属性的影响（Shleifer and Vishny，1989；Stein，2003）。而且，政府行为、市场化程度等治理环境的差异与演进（Shleifer and Vishny，1997；LLSV，1999，2008）也会对其产生影响。政府主导型经济体的政府行为、官员行为及环境不确定性，会直接影响微观的投资率，也直接影响宏观的投资率。

1. 政府干预经济对投资的正向作用。

在经济实践和理论研究中，政府行为在某些方面对投资有正向影响。阿罗（Arrow，1962）研究认为，在市场机制下，由于技术创新的外部性及本身的高风险等多方面原因，企业对研发活动的投资缺乏动力并可能低于社会的理想水平，即所谓的"市场失灵"，因而政府有必要干预社会研发支出和企业创新行为。霍尔和雷恩（Hall and Reenen，2000）研究表明，税收激励对企业研发投资具有较大的促进作用。陈林、朱卫平（2008）认为发展中国家的出口退税和创新补贴政策能有效激励创新产出。朱平芳、徐伟民（2003）研究发现，上海市政府的科技拨款资助和税收减免对大中型工业企业增加自筹研发投入有促进作用。解维敏（2009）的研究显示，来自政府的资助刺激了企业研发支出。阿西莫格鲁、达龙和奇温斯基（Acemoglu，Daron and Tsyvinski，2008）发现，与市场化程度更高的地区相比，转型经济国家的企业普遍具有更高的固定资产投资规模。而总资产中较高的固资比重，很大程度上源于政府干预下的扩张动机[①]。

2. 政府干预经济对投资的负向作用。

政府激励企业研发的政策有一定的效果，但是政府干预也可能制约企业的研发创新行为。干预可能妨碍甚至损害市场机制的作用，存在一定的负面效应（Goolsbee，1998）。马忠、刘宇（2010）研究发现，受政府干预程度越高的企业，对提高研发能力、营销能力等长期投资的倾向性越低。顾元媛、沈坤荣（2012）研究发现，传统以 GDP 为考核标准的晋升竞争显著降低了政府对企业的 R&D 补贴，减少政府研发补贴，进而影响企业研发投入。郝颖、刘星（2011）的研究指出，地方政府基于短期利益的干预很可能会削弱市场化进程对研发投资价值的边际贡献。陈昆玉

[①] 政府对企业固定资产投资的干预也很可能成为"掠夺之手"（Acemoglu，Daron and Johnson，2005），而企业中政府代理人的寻租与私利膨胀，则会进一步加剧企业在固定资产上的过度投资（A. Smith，Paul A.，Wilcox and David W.，2011；Frederico，Vito D. and Li，Jun，2013）。

(2010)研究2006年国家开展的创新型企业试点工作后发现,入选的试点企业短期创新产出比入选前显著增加,但三年内公司业绩并没有增加甚至有下降的趋势,因此,政府干预下的创新活动不利于企业良性创新机制的构建以及长期发展。

3. 政府干预经济对投资的作用不明确。

政府干预未必能带来增加投资和研发的实际效果。古尔斯比(Goolsbee,1998)认为,当公共研发支出增加时,企业对研发资源的竞争会导致社会研发资源价格(如研发人员工资)上升,这在提高研发活动成本的同时并不会对研发行为有实质性刺激作用;另一种影响激励政策有效性的因素是替代效应,即政府资金支持了一些企业本身就必须要从事的研究计划,因此,政府并没有实质性地增加企业研发行为(Wallsten,2000)。

政府对经济的主导影响,可能在投资方向上具有不太明确的选择。比如,由于技术型投资的不确定性较高、周期长,很难满足政府组织的短期目标要求。因此,在资本积累程度较低的地区,政府将直接干预企业推迟或削减技术性投入,以集中更多资金用于经济效果快、吸纳就业多的实物投资(Svejnar,2002;Domadenik,Prasnikar and Svejnar,2011)。

另外,能源开采、燃气供应、公交运输与传媒播放等具有经营特许权和较高垄断程度的领域,受到政府管制与干预的程度较为明显。郭加(Kwoka,2005)基于经济周期与所有权关系的研究则发现:在市场化程度较低的国家,垄断与管制行业的国有股权比例更高,而经济的波动与振荡也将导致垄断资源与特许经营权在政府干预下向国有企业的集中。

基于以上分析,提出研究假设2。

假设2:政府干预因素会影响宏观经济投资率,并影响上市公司会计盈余与宏观经济投资率的相关关系。

第四节 研 究 设 计

一、研究样本与数据来源

本章选取1990~2016年9月上市公司会计盈余和宏观经济投资率数据为研究样本。数据来源主要是Wind数据库和国家统计局的《中国统计年鉴》。

本章对样本区间的选择和数据来源进行了交叉比较。财务数据和宏观数据均以 Wind 数据库的数据为基础，对于一些不合理和不一致的数据，本章将其与《中国统计年鉴》和国泰安数据库进行了比对。分省季度宏观经济投资率涉及 31 个省级单位。

二、模型设计

我们借鉴科奇奇基和帕塔图卡斯（2014）的方法计算产生所有上市公司会计盈余指标，即全市场会计盈余增长率。参照科奇奇基和帕塔图卡斯（2014）的方法计算汇总会计盈余增长率指标。具体地，首先将每个公司年报中季度累计净利润调整为各季度当期净利润，并除以各公司该季度的营业收入，得到 $X_{i,q}$；其次，计算各公司各季度相比于上年同季度 $X_{i-1,q}$ 的增长率 $\Delta X_{i,q}$（即 $(X_{i,q} - X_{i-1,q})/|X_{i-1,q}|$）；最后，以上市公司在各季度期初的总市值作为加权基础，对所有上市公司在各季度的 $\Delta X_{i,q}$ 进行加权平均，得到 ΔX_q，包括国家层面汇总的会计盈余增长率和分省层面汇总的会计盈余增长率。

$$\Delta INV_{t+i} = \alpha + \beta_1 \Delta AAE_t + \beta_2 \Delta INV_t + \varepsilon_{t+i} \quad (5-1)$$

$$\Delta INV_{t+i} = \alpha + \beta_1 \Delta AAE_t + \beta_2 \Delta INV_t + \beta_3 GOV_q + \varepsilon_{t+i} \quad (5-2)$$

INV 代表投资率（资本形成率），指资本形成总额占 GDP 的比重。ΔAAE_q 代表整体会计盈余增长率，GOV_q 代表各种政府对经济的主导因素，主要观测地方政府预算干预强度、财政支出干预强度、市场化程度等。

三、变量设计

1. 投资率的计量。

投资率通常是指一定时期（年度）内总投资占国内生产总值的比率。包括投资在固定资产和存货。本章采用的计量方法与大部分关于投资率的文献一致，直接引用《中国统计年鉴》里的计算公式，即投资率等于资本形成总额占支出法国内生产总值的比重，如刘慧勇（2007），汪伟（2008），方红生、楼琳琳、郭林（2011）等。本章关注投资总额、投资率及投资固定资产三方面指标。

当然，也有学者对国家统计局的计算方法提出了疑问。王秋石、王一新（2014）通过经济逻辑、经济指标的佐证，证明国家统计局计算出的投资率不合理，高估了实际投资率，但并没有给出其他计算方法。吴海英、余永定（2015）从固定资产投资与固定资产形成之间的差异出发，推算出官方公布的投资率可能显著低估实际投资率，实际投资率可通过将固定资产投资调整为固定资产形成来计算。

另外，国内学者对投资率计算一直有不同看法。武献华（1997）认为投资率是指一定时期内固定资产投资在某种资金来源中所占的比重，并对我国理论界的四种不同计算方法提出了见解，分析得出投资率应该是当年的投资支出金额与当年的投资资金总来源的比率[①]。雷辉（2009）提到，投资率指一国投资在该国 GDP 中所占的比重，根据我国统计口径的不同有三种计算方法，分别为：按生产法计算的 GDP 数据与"全社会固定资产形成额"的比率——投资率1，及按支出法计算的 GDP 与"资本形成总额"的比率——投资率2 和投资率3，而"资本形成总额"的计算分为固定资产形成与存货增加之和——投资率2，以及只包含固定资产形成投资率3 两种。由于投资率2 中资本形成总额包含着存货投资的增加部分，故投资率2 的数值总体来说要比前两者大一些。李稻葵、徐欣、江红平（2012）认为国家统计局公布的"固定资产投资"只统计了规模以上项目，低估了总投资量。对此，他们提出狭义投资率与广义投资率。狭义投资率即境内投资率，用来衡量中国境内的总投资量，采用固定资产形成总额与 GDP 的比值。统计局从固定资产投资数据中减去土地使用权、旧机器设备和旧房屋的购置价值，然后再加上未纳入固定资产投资报表统计范围的项目价值，得到固定资本形成总额，因此该指标可以更好地反映中国可再生资本的变化情况。广义投资率，即国民投资率，考虑了经济全球化背景下的对外投资状态，他们认为：国民投资 = 境内投资 + 对外投资，而对外投资的根源则是经常账户的顺差。张军（2014）提到的投资率则是指固定资产投资与 GDP 之比，由此，他认为中国的投资率被严重高估。表

[①] 当时，理论界有关投资率的四种计算方法分别为：国民收入投资率 = 固定资产投资完成额/本年国民收入使用额；国内生产总值投资率 = 固定资产投资额/本年国内生产总值；国民生产总值投资率 = 固定资产投资额/当年国民生产总值；社会总产品价值使用额投资率 = 年度投资额/社会总产品价值使用额。武献华认为这四种计算方法都没有很好的部分与整体的对应关系，并提出考虑到我国统计资料的实际情况，投资率可以采用以下计算方式：投资率 = 当年投资支出总额/当年投资资金来源总额 = (当年投资拨款支出额 + 当年投资贷款支出额 + 当年自有资金投资支出额)/(国民收入使用额 + 物质生产部门折旧 + 服务业增加值)。

5-1为以上投资率计算方法的来源。

表 5-1 相关文献来源

文献名	作者	来源	时间	投资率计算方法
关于固定资产投资率指标的探讨	武献华	《统计研究》	1997	投资支出金额与来源金额之比
改革以来我国投资率、消费率的国际比较及趋势分析	雷辉	《改革发展》	2009	投资率三种计算方法
中国经济国民投资率的福利经济学分析	李稻葵、徐欣、江红平	《经济研究》	2012	狭义投资率与广义投资率
中国的投资率到底有多高	张军	《经济资料译丛》	2014	固定资产投资与GDP之比
中国投资率波动的度量与变化的分解	方红生、楼琳琳、郭林	《数量经济技术经济研究》	2011	中国统计年鉴
储蓄、投资与经济增长之间的动态相关性研究	汪伟	《南开经济研究》	2008	中国统计年鉴
我国投资规模与投资率研究	刘慧勇	《〈中国投融资研究报告〉科研课题论文集》	2007	中国统计年鉴
中国的投资率真的那么高吗?	王秋石、王一新	《经济学家》	2014	通过经济逻辑、经济指标的佐证,证明国家统计局计算出的投资率不合理,高估了实际投资率,但并没有给出其他计算方法
中国经济转型中的投资率问题	吴海英、余永定	《金融评论》	2015	从固定资产投资与固定资产形成之间的差异出发,推算出官方公布的投资率可能显著低估实际投资率,实际投资率可通过将固定资产投资调整为固定资产形成来计算

2. 解释变量。

本书借鉴科奇奇基和帕塔图卡斯（2014）的方法计算会计盈余变量,

重点观察净利润总额和营业利润总额。

其他的一些观察变量如下：

（1）干预型经济的一些宏观经济特征变量。主要关注省预算干预、省支出干预、外商投资总额。理论上，地方政府通过干预生产性的基本建设财政支出与选择外商直接投资类型去影响投资，经济活动也会反过来影响政府干预。

政府干预对投资的影响和城市异质性有关，外商投资程度高的城市，吸引外资多，而外资将在市场机制作用下根据中国经济的比较优势而倾向于进入劳动密集型行业，其投资未必就高。然而，政府干预强的城市，由于政府更加倾向于发展资本密集型产业，更愿意吸引相对资本密集的外商直接投资。为了检验政府干预是否会显著降低外商投资对投资的影响，我们控制了政府干预与外商投资的交互项。其中，外商投资用外商实际投资与当地GDP的比值来度量。

（2）政府干预的一些评分指数。本书所使用的评分指数包括市场化指数、政府干预指数、法律环境指标，取自樊纲发布的《中国市场化指数——各地市场化相对进程2011年报告》。政府干预指数与法律环境指标也分别取自该书中"减少政府对企业干预"指数和"市场中介组织和法律制度环境"指数。

（3）人均GDP。人均GDP能够较好反映城市发展水平和地区的投资结构差异。在经济发展的早期，工业部门的扩张主要是劳动密集型产业的发展，投资率并不是很高。人均GDP发展到一定水平后，产业结构逐渐高端化，投资的要求也越高。

（4）城市化率。城市化对投资的净影响需要通过模型来估计。

表5-2列出了本章分析部分所用到的变量及其说明。

表5-2　　　　　　　　　　变量描述

变量	变量描述	备注
省份投资总额	来源国家统计局，省份资本形成总额	省份投资总额
省份投资率	来源国家统计局，省份资本形成率	省份投资率
省份利润总额	省份所有上市公司净利润总额增长率	省份利润总额

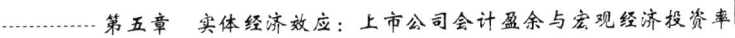

续表

变量	变量描述	备注
省份营业利润	省份所有上市公司营业利润总额增长率	省份营业利润
省份 GDP 值	省份 GDP 总额	省份 GDP 累计值
省份 GDP 增长率	省份 GDP 增长率	省份 GDP 累计同比
省份预算干预	省级地方财政一般预算收入 /GDP	省份财收累计
省份支出干预	省级地方财政一般预算支出 /GDP	省份财支累计
外商投资总额	城市外商实际投资 /GDP	外商投资总额
省份城市化率	城市年末非农人口 /总人口	省份城市化率
省份人均 GDP	省份人均 GDP	省份人均 GDP
市场化指数	取自樊纲等发布的《中国市场化指数——各地市场化相对进程 2011 年报告》	有分三段和分五段排序
政府干预指数	"减少政府对企业干预"指数,来自《中国市场化指数——各地市场化相对进程 2011 年报告》	有分三段和分五段排序
法律环境指数	"市场中介组织和法律制度环境"指数,来自《中国市场化指数——各地市场化相对进程 2011 年报告》	有分三段和分五段排序

第五节 实 证 分 析

一、描述性统计

表 5-3 是描述性统计,数据显示:省份投资总额的均值是 3632 亿元,省份投资率的均值是 49.76%,省份利润总额的均值是 21.39 亿元,省份营业利润的均值是 19.99 亿元,省份 GDP 值的均值是 6074 亿元,省份 GDP 增长率的均值是 10.83%,省份城市化率的均值是 43.29%,省份人均 GDP 的均值是 16135 元,省份预算干预的均值是 0.0900,省份支出干预的均值是 0.180,外商投资总额的均值是 0.0600。

表 5-3　　　　　　　　　　　描述性统计

变量	数据量	均值	标准差	中位数	最小值	最大值
省份投资总额	724	3632	4201	1793	80.42	18110
省份投资率	753	49.76	12.10	47.53	30.07	85.60
省份利润总额	758	21.39	50.81	10.90	-76.93	294.6
省份营业利润	758	19.99	51.72	9.280	-76.93	308.9
省份GDP值	720	6074	6710	3402	0	29806
省份GDP增长率	720	10.83	3.73	10.60	0	27.04
省份城市化率	692	43.29	15.25	43.01	17.94	86.20
省份人均GDP	787	16135	15980	9440	1211	69165
省份预算干预	674	0.0900	0.0300	0.0800	0.0400	0.250
省份支出干预	675	0.180	0.100	0.150	0.0600	0.630
外商投资总额	621	0.0600	0.0600	0.0300	0.0100	0.370

表 5-3 显示省份投资率的最小值为 30%，最高值达到 85%，平均值和中位数约为 50%，显示了中国经济的高投资率。吴海英、余永定（2015）从中国固定资产投资增速长期明显高于 GDP 增速，而投资率基本稳定这一矛盾现象出发，通过统计局公布的固定资产投资数据及官方调整方法计算得出固定资产形成额，以此调整得出的投资率已接近 60%，大大高于官方公布的投资率。数据显示，中国宏观经济中高投资率现象不容忽视。

表 5-4 是相关系数。数据显示了本章中一些主要研究变量的相关系数。

二、总体会计盈余与宏观经济投资的实证分析

表 5-5 的回归数据显示，会计盈余与省份投资总额显著相关，但是相关系数不稳定；省份利润总额与省份投资总额、省份投资额固定资本、省份投资额存货、省份投资率，都在 1% 水平显著相关。其中省份利润总额与省份投资总额、省份投资额固定资本、省份投资额存货显著负相关，与省份投资率显著正相关。

表5-4 相关系数表

变量	省份投资总额	省份投资率	省份利润总额	省份营业利润	省份GDP值	省份GDP增长率	省份城市化率	省份人均GDP	省份预算干预	省份支出干预	外商投资总额	市场化指数
省份投资总额	1											
省份投资率	0.336	1										
省份利润总额	-0.0779	0.0790	1									
省份营业利润	-0.0977	0.0645	0.820	1								
省份GDP值	0.893	0.146	-0.0694	-0.0841	1							
省份GDP增长率	0.366	0.0876	-0.0170	-0.0217	0.00150	1						
省份城市化率	0.325	0.152	-0.00620	-0.0427	0.350	0.0383	1					
省份人均GDP	0.730	0.406	-0.0316	-0.0477	0.728	0.0946	0.652	1				
省份预算干预	0.501	0.332	-0.0229	-0.0442	0.241	0.718	0.374	0.548	1			
省份支出干预	0.160	0.532	0.0588	0.134	-0.0805	0.421	-0.0838	0.136	0.491	1		
外商投资总额	-0.0430	-0.113	0.0894	0.0110	-0.0555	0.202	0.151	0.0667	0.232	-0.138	1	
市场化指数	-0.328	0.246	0.0412	0.0573	-0.414	-0.0622	-0.463	-0.386	-0.0724	0.438	-0.230	1

表5-5　　　　　　会计盈余与宏观投资数据的实证检验结果

变量	(1) 省份投资总额	(2) 省份投资额固定资本	(3) 省份投资额存货	(4) 省份投资率
省份利润总额	-0.0301*** (0.00838)	-0.0275*** (0.00779)	-0.00258*** (0.000675)	0.000115*** (3.75e-05)
省份城市化率	-115.1*** (15.06)	-111.5*** (14.63)	-3.639*** (0.822)	0.00278 (0.0447)
省份人均GDP	0.218*** (0.0220)	0.211*** (0.0212)	0.00729*** (0.00106)	0.000260*** (4.09e-05)
省份预算干预	42123*** (6868)	40416*** (6753)	1707*** (310.9)	-76.19*** (16.51)
省份支出干预	-7118*** (772.6)	-6535*** (760.6)	-583.7*** (65.07)	58.64*** (6.051)
外商投资总额	-7452*** (1748)	-7602*** (1750)	149.9 (108.2)	-15.19** (6.471)
常数项	3563*** (651.3)	3339*** (633.9)	223.9*** (42.31)	43.15*** (1.743)
样本数	602	602	602	598
R^2	0.577	0.572	0.383	0.427
F-test	43.99	42.44	40.60	35.02
Log likelihood	-5847	-5832	-4135	-2333

注：*** $p<0.01$，** $p<0.05$，* $p<0.1$。

总体而言，在考虑完各种干扰因素之后，省份利润总额对省投资总额的影响不显著。数据结果与理论分析预期基本一致。会计盈余会显著影响宏观经济投资率，这证明理论分析的逻辑链条是正确的：会计盈余的增长会影响企业的资本支出和研发支出，进而影响投资率的增长。

三、政府干预因素实证分析

政府主导型经济体对经济内源性增长的冲击，主要可以体现在三个角度：地方政府行为、地方官员行为以及经营环境、政策的不确定性等。政府干预因素会影响宏观经济投资率，并影响上市公司会计盈余与宏观经济投资率的相关关系。表5-5~表5-9的数据结论都支持假设2的观点。

表5-5显示，城市化率与投资率显著负相关。随着城市化的深入进展，第三产业将会得到更多的发展，对固定资产和存货的投资将会减少。另外，省份人均GDP与投资率显著正相关。表5-4还显示，省份预算干预与省份投资总额、省份投资额固定资本、省份投资额存货、省份投资率，都在1%水平显著正相关。省份支出干预、外商投资总额与省份投资总额、省份投资额固定资本、省份投资额存货、省份投资率，都在1%水平显著相关，省份支出干预与省份投资率显著正相关。数据支持假设2，政府干预因素显著影响中国省级宏观经济中的投资水平。

表5-6显示，我们对政府干预从不同角度、不同变量和不同模型进行的研究和分析，所得出的结果基本一致。预算干预和支出干预都会影响宏观经济投资率，长期的政府干预指数同样与投资率显著负相关。在政府干预指数较低的省份，投资率会更高。表5-6数据显示，省份利润总额与省份投资总额在1%和5%水平显著负相关；政府干预指数与省份投资总额在1%水平显著负相关；省份预算干预与省份投资总额在1%水平显著正相关；省份支出干预与省份投资总额在1%和5%水平显著负相关；省份城市化率、省份人均GDP、外商投资总额与省份投资总额也在1%水平显著相关，省份人均GDP正相关，外商投资总额负相关。数据显示，政府主导型经济体中地方政府所带来的干预会影响、削弱、扭曲市场机制，阻碍资源的优化配置，进而对公司投资、创新产生影响。

表5-6 控制政府干预变量后会计盈余与宏观投资数据的实证检验结果

变量	(1)省份投资总额	(2)省份投资总额	(3)省份投资总额	(4)省份投资总额	(5)省份投资总额	(6)省份投资总额	(7)省份投资总额	(8)省份投资总额
省份利润总额	-0.0463** (0.0218)	-0.0407* (0.0234)	-0.0475** (0.0230)	-0.0468*** (0.0151)	-0.0495*** (0.0161)	-0.0586*** (0.0182)	-0.0255** (0.0114)	-0.0318*** (0.00792)
政府干预指标二		-1878*** (535.8)						
政府干预指标三			-2513*** (508.3)					
政府干预				-1255*** (254.0)	-739.3*** (235.4)	-617.4*** (232.5)	-769.2*** (248.0)	-145.4 (181.9)	-672.1*** (212.9)

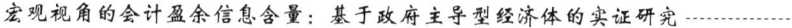

续表

变量	(1)省份投资总额	(2)省份投资总额	(3)省份投资总额	(4)省份投资总额	(5)省份投资总额	(6)省份投资总额	(7)省份投资总额	(8)省份投资总额
省份预算干预				50530*** (5139)	53759*** (5233)	50842*** (5792)	29749*** (6333)	43214*** (6981)
省份支出干预					−2566*** (752.2)	−1636** (701.6)	−5050*** (787.6)	−6813*** (788.3)
省份城市化率						61.44*** (13.66)	−101.0*** (12.84)	−116.6*** (15.07)
省份人均GDP							0.225*** (0.0200)	0.211*** (0.0222)
外商投资总额								−9786*** (2271)
常数项	4209*** (206.8)	5689*** (414.6)	6725*** (595.8)	1348* (737.4)	1317* (744.4)	−749.7 (778.4)	3112*** (783.1)	5179*** (804.8)
样本数	770	770	770	711	710	644	644	602
R^2	0.000	0.034	0.032	0.234	0.238	0.299	0.569	0.582
F−test	4.502	9.426	13.97	41.28	32.68	44.21	37.66	39.07
Log likelihood	−7754	−7740	−7741	−7082	−7070	−6408	−6252	−5844

注：***$p<0.01$，**$p<0.05$，*$p<0.1$。

四、政府干预的进一步分析

表5−7和表5−8进一步支持了假设1和假设2的观点。会计盈余与投资率显著相关，而在政府干预因素中，预算干预与投资率显著正相关，支出干预与投资率显著正相关，与投资总额显著负相关。人均GDP因素和城市化率也会显著影响宏观经济的投资总额和投资率。

表 5-7　　　　　　　会计盈余与宏观投资数据的实证检验结果

变量	(1)省份投资总额	(2)省份投资总额	(3)省份投资总额	(4)省份投资总额	(5)省份投资率	(6)省份投资率	(7)省份投资率	(8)省份投资率
省份利润总额	-0.0429*** (0.00970)	-0.0623*** (0.00915)	-0.0569*** (0.0101)	-0.0468*** (0.0109)	0.000195*** (3.64e-05)	0.000152*** (3.42e-05)	0.000212*** (3.53e-05)	0.000183*** (3.28e-05)
省份城市化率	-128.2*** (16.26)	-97.55*** (14.09)	-132.2*** (17.00)	-125.8*** (16.28)	0.0588 (0.0478)	0.0648 (0.0486)	0.0635 (0.0491)	0.0446 (0.0490)
省份人均生产总值	0.206*** (0.0211)	0.208*** (0.0208)	0.202*** (0.0216)	0.204*** (0.0218)	0.000313*** (4.51e-05)	0.000320*** (4.46e-05)	0.000319*** (4.47e-05)	0.000318*** (4.45e-05)
省份预算干预	40995*** (5939)	38966*** (6129)	41658*** (6396)	38428*** (6442)	-74.14*** (14.83)	-64.46*** (15.21)	-75.35*** (14.60)	-62.84*** (15.82)
省份支出干预	-3766*** (921.0)	-3020*** (985.5)	-4411*** (907.3)	-4252*** (949.1)	48.19*** (5.576)	47.59*** (5.618)	49.00*** (5.587)	47.34*** (5.653)
外商投资总额	-6933*** (1836)	-6113*** (1664)	-9140*** (2115)	-9601*** (2166)	-11.43** (5.058)	-3.837 (4.994)	-8.408* (4.883)	-5.280 (4.931)
市场化指数二		2876*** (798.7)				6.906*** (1.565)		
市场化指数三		2209*** (630.7)				7.031*** (1.773)		
市场化指数四		77.63 (571.3)				11.92*** (1.804)		
市场化指数五		-1295* (662.1)				14.68*** (2.560)		
市场化指数二	274.7 (429.6)				3.277*** (1.125)			
市场化指数三	-2755*** (423.2)				10.53*** (1.436)			
市场化指数一			-1520*** (213.3)				5.442*** (0.732)	

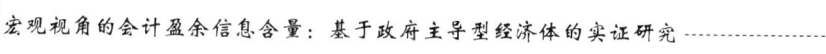

续表

变量	(1)省份投资总额	(2)省份投资总额	(3)省份投资总额	(4)省份投资总额	(5)省份投资率	(6)省份投资率	(7)省份投资率	(8)省份投资率
市场化指数二				-819.3***(122.4)				3.293***(0.482)
常数项	4675***(895.6)	1597(1005)	7419***(953.5)	6804***(853.1)	36.27***(2.014)	30.97***(2.591)	29.35***(2.580)	30.15***(2.508)
样本数	602	602	602	602	598	598	598	598
R^2	0.615	0.630	0.600	0.595	0.475	0.477	0.472	0.471
F-test	50.27	50.33	42.49	39.22	39.05	32.44	43.64	44.06
Log likelihood	-5819	-5807	-5830	-5834	-2307	-2306	-2309	-2309

注：*** $p<0.01$，** $p<0.05$，* $p<0.1$。

表5-8　　会计盈余与宏观投资数据的实证检验结果

变量	(1)省份投资总额	(2)省份投资总额	(3)省份投资总额	(4)省份投资总额	(5)省份投资率	(6)省份投资率	(7)省份投资率	(8)省份投资率
省份利润总额	-0.0325***(0.00881)	-0.0240***(0.00874)	-0.0318***(0.00792)	-0.0315***(0.00867)	8.40e-05**(4.25e-05)	4.23e-05(3.97e-05)	0.000122***(3.87e-05)	0.000127***(3.72e-05)
省份城市化率	-116.6***(15.13)	-103.3***(14.26)	-116.6***(15.07)	-117.5***(14.88)	0.00225(0.0470)	0.0258(0.0514)	0.00655(0.0454)	0.0222(0.0463)
省份人均GDP	0.211***(0.0223)	0.212***(0.0215)	0.211***(0.0222)	0.215***(0.0225)	0.000289***(4.25e-05)	0.000321***(4.55e-05)	0.000284***(4.24e-05)	0.000287***(4.24e-05)
省份预算干预	43327***(6826)	36201***(7382)	43214***(6981)	42696***(6946)	-74.96***(16.18)	-81.42***(15.52)	-80.93***(15.69)	-81.89***(15.36)
省份支出干预	-6849***(862.7)	-5378***(873.7)	-6813***(788.3)	-7195***(783.5)	55.94***(5.954)	59.08***(5.727)	57.86***(5.847)	59.32***(5.632)
外商投资总额	-9759***(2305)	-6599***(2094)	-9786***(2271)	-8543***(2052)	-4.437(6.370)	1.120(5.912)	-6.718(6.378)	-5.313(6.190)
政府干预指标二		-1293*(736.0)				5.987***(1.490)		

续表

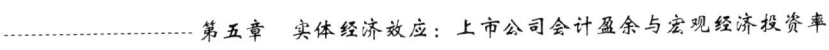

变量	(1) 省份 投资总额	(2) 省份 投资总额	(3) 省份 投资总额	(4) 省份 投资总额	(5) 省份 投资率	(6) 省份 投资率	(7) 省份 投资率	(8) 省份 投资率
政府干预 指标三		-1005* (597.2)				13.43*** (1.868)		
政府干预 指标四		776.4 (848.6)				9.447*** (1.564)		
政府干预 指标五		-1736*** (587.9)				8.920*** (1.912)		
政府干预 指标二	-608.2 (538.4)				5.982*** (1.034)			
政府干预 指标三	-1331*** (468.6)				5.065*** (1.226)			
政府干预 指标一			-672.1*** (212.9)				2.124*** (0.638)	
政府干预 指标二				-184.1 (131.5)				1.498*** (0.426)
常数项	4475*** (706.6)	3980*** (940.2)	5179*** (804.8)	4358*** (765.3)	38.26*** (1.719)	31.90*** (2.217)	38.06*** (2.094)	36.67*** (2.432)
样本数	602	602	602	602	598	598	598	598
R^2	0.582	0.597	0.582	0.578	0.444	0.481	0.434	0.438
F-test	34.24	29.93	39.07	38.11	33.93	33.34	34.46	35.46
Log likelihood	-5844	-5833	-5844	-5846	-2324	-2304	-2329	-2327

注：***p<0.01，**p<0.05，*p<0.1。

表5-9　　会计盈余与宏观投资数据的分组检验结果

	市场化				法律环境		
变量	(1) 省份 投资总额	(1) 省份 投资总额	(2) 省份 投资总额	(3) 省份 投资总额	(17) 省份 投资总额	(18) 省份 投资总额	(19) 省份 投资总额
省份 利润总额	-0.0301*** (0.00838)	-0.0544*** (0.0133)	-0.204 (0.285)	0.0253 (0.402)	-0.288*** (0.0826)	-0.0313*** (0.00773)	0.875 (0.789)
省份 城市化率	-115.1*** (15.06)	-310.5*** (40.24)	-25.51*** (6.193)	-29.99*** (7.928)	-322.6*** (39.31)	-43.69*** (12.75)	-28.46*** (8.362)

续表

变量	市场化				法律环境		
	(1)省份投资总额	(1)省份投资总额	(2)省份投资总额	(3)省份投资总额	(17)省份投资总额	(18)省份投资总额	(19)省份投资总额
省份人均GDP	0.218*** (0.0220)	0.264*** (0.0370)	0.230*** (0.0189)	0.162*** (0.0237)	0.256*** (0.0332)	0.211*** (0.0197)	0.260*** (0.0251)
省份预算干预	42123*** (6868)	36690 (22699)	62030*** (21386)	21726** (8657)	30538** (14373)	30523* (18033)	5422 (8645)
省份支出干预	−7118*** (772.6)	1102 (15900)	2186 (8198)	−3672*** (503.8)	12722 (7885)	7857 (6400)	−5462*** (559.0)
外商投资总额	−7452*** (1748)	−6634 (6328)	−11697 (8512)	−2769*** (876.9)	−12363** (5764)	−6213*** (863.8)	1277* (649.0)
常数项	3563*** (651.3)	12919*** (1783)	−2414*** (558.2)	260.1 (650.8)	13997*** (1883)	−959.8 (888.3)	1149** (581.3)
样本数	602	184	204	214	187	202	213
R^2	0.577	0.542	0.866	0.640	0.580	0.710	0.694
F−test	43.99	36.32	129.8	23.16	51.80	63.29	32.65
Log likelihood	−5847	−1838	−1845	−1886	−1859	−1901	−1905

注: ***$p<0.01$, **$p<0.05$, *$p<0.1$。

在表5−9中,我们按市场化指数和法律环境指数排序分组回归,回归结果显示,在市场化指数和法律环境指数较低的组别,即市场化程度低,法律环境不完善的省,会计盈余与投资总额的相关关系显著下降。表5−9显示,市场化水平和法律环境会降低会计盈余对投资总额的影响和反映。

五、稳健性检验

限于篇幅,稳健性检验数据没有列出,我们对上述的研究发现进行了多种稳健性检验,更替了多种计量方法,主要有:(1)控制年度和季度效应的稳健性检验。(2)宏观经济增长指标的稳健性检验。(3)政府干预指标、市场化指数、制度环境指标的稳健性检验等。

第六节 结　　论

本书选取 1990～2016 年上市公司整体会计盈余和宏观经济投资率数据为研究样本，对会计盈余和宏观经济投资率的关系进行研究。

首先，研究数据显示，会计盈余与省份投资总额显著相关，但是相关系数不稳定。省份利润总额与省份投资总额、省份投资额固定资本、省份投资额存货、省份投资率，都在 1% 水平显著相关，其中省份利润总额与省份投资总额、省份投资额固定资本、省份投资额存货显著负相关，与省份投资率显著正相关。这说明会计盈余的增长会影响企业的资本支出和研发支出，进而影响投资率的增长。

其次，研究还发现，政府主导型经济体对经济内源性增长的冲击体现在三个方面：地方政府行为、地方官员行为，以及经营环境、政策的不确定性。地方政府所带来的干预会削弱市场机制，阻碍资源的优化配置，进而对公司投资产生影响。主要体现为：政府干预因素会影响宏观经济投资率，并影响上市公司会计盈余与宏观经济投资率的相关关系。

最后，在对政府干预因素的进一步研究中发现，预算干预与投资率显著正相关，支出干预与投资率显著正相关，与投资总额显著负相关。此外，人均 GDP 因素和城市化率也会显著影响宏观经济的投资总额和投资率。

第六章

会计盈余与企业家视角下的宏观经济[*]

第一节 引　言

来自企业家视角的信息同样可以预测宏观经济。本章探讨的"企业家视野下的宏观经济"这个说法或许并不多见，但既有文献中对来自企业家的"独家信息"的关注向来不少。以往有大量文献研究包括企业家信心指数在内的企业景气调查指标对宏观经济的预测意义。但是，该类指标是基于企业家对宏观经济运行和企业生产经营情况的定性判断，通过一些模糊语言来表述，并由第三方机构依据抽样调查结果整合而成，受企业家的主观影响较大，效率可能不高。而且由于抽样样本的限制，可能存在偏误。

实际上，会计信息很可能对企业家视野下的宏观经济产生直接影响。企业家作为会计信息的使用者，会计信息所反映的企业经营状况是企业家对企业自身及周围宏观环境的总体看法形成的重要来源之一。

综上所述，既然企业家信心指数和汇总会计盈余都被认为可以预测宏观经济，那么落实在会计盈余上的企业定量信息对企业家角度的定性信息有无预测价值呢？必须承认，可能存在其他的因素影响企业家的定性判断，这些因素可能是微观层面的企业家个人特征，也可能是宏观经济、政治和法律环境。但本书感兴趣的是，会计盈余对企业家信心指数是否有增量预测价值，换言之，企业家的定性判断能否被此前的会计信息所预测和验证。

基于以上讨论，本章拟使用 2003~2013 年的沪、深两市 A 股上市公司的汇总会计盈余数据及企业家信心指数等数据，研究会计盈余对未来 1~4 季度"企业家视角下的宏观经济"的预测价值。

---

[*] 本章是黄益建和郑晓慧的合作研究成果。

第二节 文献回顾

一、汇总会计盈余与宏观经济预测的相关研究

对于企业家来说,提前预判经济形势对于企业的生存和发展有着极为重要的作用。会计信息可以预测宏观经济在理论和实证上都得到了验证,从宏观角度看,企业是构成宏观经济的微观主体,宏观经济增长作为企业产出的汇总(姜国华和饶品贵,2011),直接受到企业经营状况的影响。从微观层面来看,会计信息综合反映企业业绩、评估企业价值和预测企业未来,可以推动投资者的投资决策、债权人的信贷决策以及政府部门的宏观经济决策顺利进行(刘玉廷等,2010)。

在实证研究方面,科奇奇基和帕塔图卡斯(2014a)发现会计盈余是GDP未来三期增长的先行指标。随后,科奇奇基和帕塔图卡斯(2014b)又按照杜邦分析法中公司盈利能力驱动因素进行分类,对汇总资产周转率和汇总利润率进行考察,分别验证这两者对未来真实GDP增长率的预测效应。罗宏、曾永良(2016)的研究为此提供了中国的证据,验证了会计盈余信息与未来GDP增长率正相关,还进一步提出了制度变迁对改善会计信息宏观预测能力是有价值的。科塔里(2013)则研究了上市公司汇总会计盈余对通货膨胀率(CPI和PPI)的增量信息效应。

二、企业家信心指数与宏观经济波动的相关研究

企业家信心指数在内的企业景气调查指标被广泛应用于宏观预测,其预测能力在理论和实证上都得到了肯定。凯恩斯早已提出信心对经济增长的重要作用。哈里森和韦德(Harrison and Weder,2006),泰勒和麦克纳布(Taylor and McNabb,2007)等国外学者的研究都支持了这个观点——信心对宏观经济有着根本性的影响。法默和郭(Farmer and Guo,1994)运用动态随机一般均衡模型证明了宏观经济中可能存在几个不同的均衡点,经济主体信心的改变将会导致均衡的转换,即引起经济波动。企业家作为经济系统中相对理性、专业性强且最接近企业生产实践的经济主体,

其信心指数对宏观经济有着不可忽略的影响。

具体而言，正是企业家在多年经济活动中积累起来的对经济运行的敏感性和预测能力，以及所掌握的大量定量信息和许多历史统计数据无法描述的定性信息，使他们对当前经济形式和未来经济发展趋势的经济判断有着不同于客观数据的独特价值。更何况这种主观经济判断还会影响到他们的经营决策，进而影响宏观经济。

实证上，国内学者基于我国实际情况也有大量相关研究：陈彦彬、唐诗磊（2009）运用格兰杰因果检验，发现企业家信心能影响中国经济波动。潘建成（2010）发现企业家信心指数也能预测中国通胀，并提出影响机制，类似于总需求冲击影响机制。何安妮（2016）发现企业家信心对促进经济增长有着显著为正的影响，且企业家信心越高对经济增长的正向促进作用越大。

三、企业家信心指数与企业家视野下的宏观经济

企业家信心指数来自企业景气调查，它能反映企业家视野下的宏观经济，并作为其代理变量，这本质上是由企业景气调查的特点决定的。企业景气调查通常以企业作为调查对象，与企业统计人员填报报表的传统统计调查不同，它通过一些模糊语言来表述，并不涉及具体数量。问卷调查的设计指标一般都采用答卷人在日常生产经营管理工作中最常用、最熟悉的指标，而且这些指标均以定性选择的方式出现，通常有如"乐观""一般""不乐观"或"上升""不变"和"下降"等形式的三种选择，答卷人无须查阅其他资料即可做出选择。然后调查机构通过扩散指数将这些定性的主观判断和预期结果进行定量化，从而达到判断宏观经济景气和企业生产经营景气状况的目的。正是由于其选择定性不定量，企业景气调查才能"捕捉"到企业家的主观经济判断，而非客观数据。因此，企业景气调查更能反映企业家视角下的宏观经济。

目前，国家统计局和中国人民银行均有展开企业景气调查。本章选取的是国家统计局的调查结果，主要原因是中国国家统计局调查样本量大、企业类型全面、样本涉及行业多。国家统计局的样本量为20000家企业，所调查的企业类型除国有、集体、合资、股份制、民营企业外，还包括联营、私营、股份有限公司、有限责任公司、外商投资企业等。该企业景气调查采用抽样调查方法进行，调查领域涵盖工业，建筑业，交通运输、仓

储和邮电通信业、批发和零售贸易、餐饮业、房地产业、社会服务业六大国民经济行业。调查的频率为每年四次，分布在全年四个季度。调查的内容包括企业基本情况、宏观经济景气状况判断、企业生产经营状况判断、企业生产经营问题判断四方面。

但正因为企业家信心指数是由定性判断汇总而成的，这使它在预测宏观经济时存在一定模糊性，且受企业家主观影响较大。而会计盈余作为企业层面的客观信息，是精确而严谨的，可以弥补企业景气调查结果的模糊性，从而提高经济预测分析能力。

四、企业家信心指数影响因素的相关研究

企业家视野下的宏观经济或许是一个考察企业家信心指数的新角度，但该指数可能受什么因素影响，则早有学者进行了研究。哈里森和韦德（2006）等将经济主体的信心划分为基本面信心与动物精神。基本面信心反映那些受经济基本面信息影响的信心；动物精神则定义为无法用基本面信息解释的信心。心理学相关研究表明年龄、受教育程度、经验等个人特征会影响人的信心，这些"信心"便不受基本面信息所影响的，属于"动物精神"。

企业家信心指数是经济主体信心的一种，也可分为基本面信心和动物精神两个方面。如前面所说，汇总会计盈余可以预测宏观经济，属于反映经济基本面的信息，所以当我们研究汇总会计盈余对企业家信心指数的增量信息效应时，主要是研究其对基本面信心的预测效应。且本书作为宏观层面的研究，动物精神及其涉及的微观个人层面的影响因素在本书不做考虑。国内学者陈彦斌、唐诗磊（2009）便从这个划分角度，研究了GDP、CPI、利率和股票指数等基本面信息对企业家信心指数的影响，发现GDP和股票指数的影响为正，而CPI和利率的影响为负。而除了经济因素，政治因素和外部环境因素也会影响企业家信心指数。康斯坦尼诺（Konstaninou，2011）等研究了财政政策对企业家信心指数的影响，结果表明，减税和增加非工资性政府消费可以提高企业家信心，但政府工资性支出和政府投资对企业家信心有负面影响。蔡卫星、高明华（2013）运用问卷调查数据证实了信贷获取、司法公正和基础设施等因素对企业家信心的影响。

第三节 理论分析与研究假设

从"企业家视角下的宏观经济"这一角度看企业家信心指数，研究汇总会计盈余与"企业家视角下的宏观经济"之间的关系，有利于深化我们对于企业家定性判断的形成途径的思考，如果这两个同是由微观层面数据汇总而成的信息之间存在预测价值，则这二者可以相互验证。

从宏观经济角度看，近年来已有国内外学者论证了作为会计信息产出之一的会计盈余是衡量经济增长的先行指标，克莱因和马夸特（2006）也指出会计盈余的多寡与经济周期显著相关。汇总会计盈余既然能够反映宏观经济基本面，如哈里森和韦德（2006）所说，会计盈余很可能会影响企业家信心指数中的基本面信心部分。

从企业家角度看，企业家作为会计报表的使用者，会计信息所反映的企业经营状况将以会计报表的形式进入企业家的视野，进而影响其对企业自身及周围宏观环境的总体看法。前面提到，经验丰富的企业家会不断感知周围的信息，以尽快对市场和宏观环境做出反应，避免企业在竞争中居于劣势，所以季度报表这类重要的财务报表将受到高度的重视。如果该企业家熟知会计盈余与经济周期的逻辑关系，季度报表中的会计盈余数据自然会成为其认识宏观经济的角度之一。如果该企业家并未了解这一学术成果，会计盈余增长所直接导致的公司境况的优化、其自身绩效薪酬的增长，则间接地传递对其经营管理能力的肯定，这将在一定程度上影响企业家的心境，更可能使企业家对公司前景和宏观环境的未来持乐观态度。在这两种情况下，会计报表中的会计信息，尤其是会计盈余，将影响企业家视角下的宏观经济。

从运作机制角度看，当季末会计盈余信息影响到企业家对宏观经济的定性判断后，在下一次的企业景气调查中，企业家将依据其以往的经验和认知进行答题，他的答案便是他眼中的宏观经济。最终，国家统计局以科学的方法将其汇总为一个代表整体的指数——企业家信心指数。既然对于每一个企业的企业家而言，会计盈余信息和其回答的企业景气调查问卷都存在这样的先后关系，那么毫不意外地，汇总会计盈余对汇总而成的企业家信心指数很可能具有预测效应。

基于以上分析，我们预期上市公司会计盈余信息对企业家信心指数具有增量的信息含量,即会计盈余的增长将可以预测企业家信心指数的变动。

假设 1：会计盈余增长率与未来企业家信心指数的增长率呈正相关。

第四节 研 究 设 计

一、数据来源

1. 企业家信心指数。

企业家信心指数（entrepreneur expectation index）是本书的关键变量,即企业家视野下的宏观经济的代理变量,其数据来自《中国统计年鉴》。出于数据同质性的考虑,本书仅针对 2013 年及之前年份的指数数据进行研究。2014 年中国国家统计局对企业家信心指数的调查制度进行了调整,该指标调整后不仅调查及公布的统计指标口径发生了变化（即由过去的非工业企业和工业企业调整为仅包括工业企业）,调查样本发生变化也发生了变化（即由过去的 20000 家非工业企业和工业企业调整为 65000 家工业企业）。由于本书的关键因变量——国家统计局公布的企业家信心指数本身是季度数据,调整为月度数据质量将有所下降,再加之月度数据的波动性不利于获取稳定的估计结果,所以本书的其他变量皆相应地调整为季度数据进行研究。

2002~2013 年,国家统计局发布的企业家信心指数如图 6-1 和表 6-1 所示。

2. 汇总会计盈余。

汇总会计盈余（X）作为关键自变量,是由微观层面的数据——各家企业的会计盈余数据汇总而成。在微观数据选取上,本书借鉴罗宏、曾永良等（2016）的做法,选取中国沪、深两市 A 股上市公司为研究样本,公司层面微观数据均取自 Wind 金融终端。由于 2002 年之前的 A 股上市企业数目较少,2001 年底仅 281 家,而 2002 年底则达到了 1172 家,故选用 2002 年及之后的企业数据。参照科奇奇基和帕塔图卡斯（2014a）的方法,本研究将上市公司季度会计盈余小于 1% 分位数及大于 99% 分位数的样本剔除,以排除极端值对回归结果的影响。控制变量中的宏观数据皆来源于中经网统计数据库。

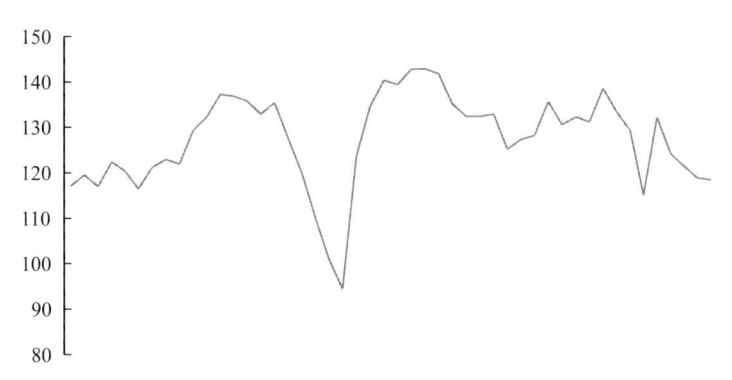

图 6-1 2002～2013 年企业家信心指数变化趋势

表 6-1　　　　　　　　　企业家信心指数

季度	指数	季度	指数	季度	指数	季度	指数
2013Q4	117.1	2010Q4	137	2007Q4	139.6	2004Q4	130.81
2013Q3	119.5	2010Q3	135.9	2007Q3	143	2004Q3	132.53
2013Q2	117	2010Q2	133	2007Q2	143.1	2004Q2	131.45
2013Q1	122.4	2010Q1	135.5	2007Q1	142	2004Q1	138.84
2012Q4	120.4	2009Q4	127.7	2006Q4	135.3	2003Q4	133.71
2012Q3	116.5	2009Q3	120.1	2006Q3	132.6	2003Q3	129.63
2012Q2	121.2	2009Q2	110.2	2006Q2	132.5	2003Q2	115.37
2012Q1	123	2009Q1	101.1	2006Q1	133.1	2003Q1	132.51
2011Q4	122	2008Q4	94.6	2005Q4	125.4	2002Q4	124.59
2011Q3	129.4	2008Q3	123.8	2005Q3	127.6	2002Q3	121.84
2011Q2	132.4	2008Q2	134.8	2005Q2	128.5	2002Q2	119.22
2011Q1	137.4	2008Q1	140.6	2005Q1	135.9	2002Q1	118.78

资料来源：国家统计局。

基于微观、宏观数据的限制，经过汇总及整理为增长率后，本书对 2003～2013 年的季度数据进行研究，共 44 个观测值。

二、基线回归模型

为检验会计盈余信息对企业家信心指数的预测价值,本书参照科奇奇基和帕塔图卡斯(2014a)的模型(6-1)、模型(6-2)。将K&P模型中的因变量GDP换成本书的因变量,并做出相应的调整,调整后模型如下:

$$\Delta \text{Index}_{q+k} = \alpha_k + \beta_k \Delta X_q + \varepsilon_{q+k} \quad (6-1)$$

$$\Delta \text{Index}_{q+k} = \alpha_k + \beta_k \Delta X_q + \gamma_k \text{Index}_q + \varepsilon_{q+k} \quad (6-2)$$

因变量 $\Delta \text{Index}_{q+k}$,参照科奇奇基和帕塔图卡斯(2014a)对GDP的处理方法,采用企业家信心指数的相比于上年同季度的增长率。上述模型中,$\Delta \text{Index}_{q+k}$ 为企业家信心指数的增长率,根据国家统计局发布的季度企业家信心指数,由公式计算而成:

$$\Delta \text{Index}_{q+k} = \frac{(本年 q+k 季度 \text{Index} - 上年 q+k 季度 \text{Index})}{上年 q+k 季度 \text{Index}}$$

其中,k = 1、2、3、4。 $\quad (6-3)$

自变量 ΔX_q 是会计盈余的增长率,也按照科奇奇基和帕塔图卡斯(2014a)的方法计算汇总而得。具体操作如下:首先,将从Wind金融终端下载得到的每个公司的当季净利润除以当季的营业收入,得到 $X_{i,q}$;其次,公式 $\Delta X_q = \frac{(本年 q 季度 X_{i,q} - 上年 q 季度 X_{i-1,q})}{上年 q 季度 X_{i-1,q}}$ 计算每个公司各季度相比于上年同季度 $X_{i-1,q}$ 的增长率 $\Delta X_{i,q}$;最后,以各家公司在季初的总市值占全部公司市值之和的比例为权重,对每家公司在每个季度的 $\Delta X_{i,q}$ 进行加权平均,得到 ΔX_q。

为检验假设1,进行以上模型(6-1)和模型(6-2)的回归,如果 ΔX_q 的系数 β_k 为正,则会计盈余对企业家信心指数有预测效应,即有增量的信息含量。且在 K=1、2、3、4 时不同的 β_k 还能反映出预测效应随时间变化的情况。

三、稳健回归模型

基线回归参考科奇奇基和帕塔图卡斯(2014a)的回归模型,仅将往期的企业家信心指数作为控制变量。如文献综述所言,经济变量、政策变量以及其他外部环境因素都会影响企业家信心指数中的基本面信心,为验

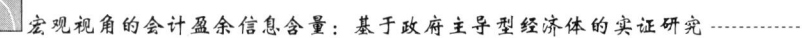

证实证结果的稳健性,加入控制变量成为稳健回归模型。

考虑到数据量的限制,本书参考陈彦斌、唐诗磊(2009)的研究结果,将国民生产总值增长率、通货膨胀率、股票指数增长率、利率作为控制变量放入稳健回归模型之中,以研究汇总会计盈余对企业家信心指数的增量信息效应。回归模型如下:

$$\Delta Index_{q+k} = \alpha_k + \beta_k \Delta X_q + \gamma_k \Delta GDP_q + \delta_k \pi_q + p_k STOCK_q + \varphi_k R_q + \varepsilon_{q+k}$$
(6-4)

控制变量中,国民生产总值增长率(ΔGDP)采用 GDP 的季度同比增长率;通货膨胀率(π)采用居民消费价格指数的同比增长率;股票指数增长率(STOCK)采用季末收盘上证综指的同比增长率;利率(R)采用银行间七天同业拆借利率。由于通货膨胀率和利率仅有月度数据,本研究将月度数据算术平均得到季度数据。

四、描述性统计

描述性统计如表 6-2 所示。

表 6-2　　　　　　　　　描述性统计

变量	均值	最小值	最大值	标准差
汇总会计盈余增长率(ΔX_q)	0.084	-0.617	0.441	0.181
企业家信心指数($Index_g$)	109.6	0	143.1	44.45
企业家信心指数同期增长率($\Delta Index_{g+k}$)	0.006	-0.322	0.349	0.125
国民生产总值增长率(ΔGDP)	0.103	0.064	0.150	0.021
通货膨胀率(π)	0.006	-0.086	0.052	0.034
股票指数增长率(STOCK)	0.128	-0.654	2.168	0.555
利率(R)	0.027	0.010	0.047	0.010

汇总会计盈余增长率(ΔX_q)最小值低至 -0.617,最大值高达 0.441,标准差为 0.181。其 0.084 的均值表明,平均而言,每一季的汇总会计盈余相比去年同一季度增长 8.4%,这个增长趋势基本符合我国

2002～2013年不断增长的宏观经济态势。

企业家信心指数（$Index_g$）反映出企业家视角下的宏观经济，其分布在0～143.1，均值为109.6，大于100，表明平均而言企业家对我国宏观经济环境的预期是积极乐观的。而企业家信心指数的同期增长率（$\Delta Index_{g+k}$）的平均值接近于0，可见其总体上有增有减，高低涨跌幅在34.9%～-32.2%，上涨和下跌不相上下。而其标准差为0.125，相对汇总会计盈余增长率较为平稳，可能是由于企业家信心指数是依据模糊的定性信息汇总而成，其估计的结果波动较小。

国民生产总值增长率（GDP）均值为10.3%，正是2003～2013年经济高速增长的体现。通货膨胀率（π）平均在0.6%，最小值为-8.6%，最大值是5.2%。股票指数增长率（STOCK）的均值与国民生产总值增长率（ΔGDP）较为一致，但波动十分剧烈，最低迷的时候年跌幅为-65.4%，而股市最火热的时候，股指增长率高达216.8%。银行间七天拆借利率（R）平均在2.7%，标准差仅为0.01，比较平稳。

第五节 实 证 分 析

表6-3报告了在不同K值下，模型（6-1）和模型（6-2）的基线回归结果，该结果验证了q期汇总会计盈余增长率对前推K期（K=1、2、3、4）即q+k期的企业家信心指数增长率的预测效应。观察关键自变量Δxq回归系数，可知汇总会计盈余增长率对前推1期、2期和3期的企业家信心指数增长率有显著正影响。这反映出其对企业家视角下的宏观经济的预测价值。但其对前推4期的企业家信心指数增长率的效应变为不显著。换句话说，企业家对宏观经济的预期最多受到近三个季度的会计盈余的影响，三个季度之前的信息对当季的企业家信息指数几乎无影响。这种情形的出现可能由两种原因：第一，可能是由于企业家对信息时效性较为看重，主动地更新自己获取的信息，以更近期的数据作为宏观经济的判断依据；第二，也可能是企业家并未刻意筛选信息，但时间久远的信息会被遗忘，而更近期的会计报表信息确实能给人带来更深的印象，更能影响其对未来的预期。

无论在模型（6-1）还是模型（6-2）中，对比K=1、2、3时会计盈余增长率的回归系数大小，K=2时系数的值和显著性最高。具体而言，该系数在模型（6-1）中达到 0.310，在控制了当期企业家信心指数的模型（6-2）中达到 0.254，比 K=1 时的系数 0.111 更高、更显著。由此证明，企业家视角下的宏观经济受过去 4~6 个月的会计盈余的影响多于上一季的会计盈余的影响，可能的原因是会计盈余信息从客观报表信息转化为企业家的定性认识需要一定时间。形象地说，上个季度的报表在季末"刚刚出炉"可能尚且来不及加深企业家的印象，以至于在影响这一季的企业家信心指数的力度上不如"已被消化"的上上个季度的信息。而这种预测效应在 K=3 时又变弱了，可能是由于上文所提到的，随着时间变长，无论是出于信息时效性的考量还是企业家记忆能力的限制，历史会计信息带给企业家的印象变浅，赋予其视角下的宏观经济的增量信息含量变少。

基线回归的结果告诉我们，当 K=1、2、3 时，会计盈余增长率与未来企业家信心指数的增长率呈正相关，其对企业家视角下的宏观经济有预测价值，假设 1 得到验证。基线回归的结果如表 6-3 所示。

表 6-3　　　　　　　　　　基线回归结果

变量	企业家信心指数增长率 $\Delta Index_{g+k}$							
	K=1		K=2		K=3		K=4	
	（1）	（2）	（1）	（2）	（1）	（2）	（1）	（2）
ΔX_q	0.263** (0.098)	0.111* (0.065)	0.310*** (0.096)	0.254** (0.099)	0.179* (0.105)	0.204* (0.112)	-0.111 (0.109)	-0.033 (0.110)
$Index_g$		0.683*** (0.108)		0.250* (0.144)		-0.111 (0.163)		-0.342** (0.160)
Constant	0.025 (0.020)	0.008 (0.014)	0.030 (0.019)	0.024 (0.019)	0.018 (0.021)	0.021 (0.022)	-0.008 (0.022)	0.001 (0.022)
N	43	43	42	42	41	41	40	40
R^2	0.149	0.573	0.207	0.263	0.069	0.080	0.027	0.134

注：括号内为标准误。* $p<0.1$，** $p<0.05$，*** $p<0.01$。

表 6-4 报告了在不同 K 值下，模型（3）的稳健回归结果，该结果验证了在控制了其他可能会影响企业家信心指数的经济变量后，q 期汇总会计盈余增长率对 q+k 期的企业家信心指数增长率的预测效应。观察关

键自变量 ΔX_q 回归系数，可知汇总会计盈余增长率对 $q+2$ 和 $q+3$ 的企业家信心指数增长率有显著正影响，对 $q+4$ 的企业家信心指数增长率的预测效应变为不显著，且 $K=2$ 时系数明显更高，也更显著。这与基线回归结果一致，反映出即使控制了相关经济变量，汇总会计盈余对企业家信心指数仍有增量的信息含量。换言之，假设 1 在加入控制变量后仍是稳健的。

表 6-4　　　　　　　　　　　稳健回归结果

变量	企业家信心指数增长率 $\Delta Index_{g+k}$			
	模型（K=1）	模型（K=2）	模型（K=3）	模型（K=4）
ΔX_q	0.119 (0.103)	0.234 *** (0.084)	0.156 ** (0.063)	-0.069 (0.073)
ΔGDP	-0.475 (1.380)	-1.991 * (1.160)	-2.817 *** (0.867)	-2.293 ** (1.050)
π	0.821 (0.636)	-0.318 (0.526)	-1.164 *** (0.390)	-1.466 *** (0.461)
STOCK	0.085 * (0.049)	0.097 ** (0.040)	0.092 *** (0.030)	0.044 (0.035)
R^2	-6.069 ** (2.338)	-8.070 *** (1.925)	-9.087 *** (1.478)	-7.393 *** (1.713)
Constant	0.208 (0.178)	0.432 *** (0.148)	0.538 *** (0.110)	0.426 *** (0.132)
N	43	42	41	40
R^2	0.383	0.594	0.782	0.713

注：括号内为标准误。* $p<0.1$，** $p<0.05$，*** $p<0.01$。

但在稳健回归中，$K=1$ 时的汇总会计盈余增长率（ΔX_q）系数变为不显著，这表明会计盈余对 $q+1$ 的企业家信息指数几乎没有增量的信息含量，其所包含的信息同样也含在了国民生产总值增长率（ΔGDP）、通货膨胀率（π）、股票指数增长率（STOCK）、利率（R）里。正如前面所说，会计盈余信息转化为企业家的定性认识可能需要一定时间，上个季度的报表在季末"刚刚出炉"尚且来不及加深企业家的印象，企业家其实是基于其他宏观经济变量和过去2、3期的会计信息对问卷作出回答的。只是刚好最新一期的会计信息与这些宏观经济变量也相关（毕竟企业的生产经营与宏观环境息息相关），会计盈余信息本身并没有真正的作用于企业家信心指数的调查过程，故而在没有加入控制变量的情况下，表现出了显著的预测效应，一旦将这些变量控制住，其预测效应便消失了。

且综合考虑企业家信心指数的形成过程，根据稳健回归结果，某期企业家信心指数增长率可能受以下因素的影响：滞后2~3期的汇总会计盈余增长率、滞后2~4期的GDP同比增长率、滞后3~4期的通货膨胀率、滞后1~3期的股指同比增长及滞后1~4期的银行间拆借利率。

综上，在控制了相关经济变量之后，当K=2、3时，会计盈余增长率与未来企业家信心指数的增长率仍呈显著正相关，会计盈余对企业家视角下的宏观经济具有预测价值。稳健回归结果如表6-5所示。

图6-2展示了汇总会计盈余增长率的回归系数在不同的K值下的变化，它反映了随着会计信息与企业家信心调查之间相隔的时间跨度的增大，预测效应的变化。β_k值越大，表明汇总会计盈余增长率带给企业家信心指数的增量信息含量越多，预测效应越大。

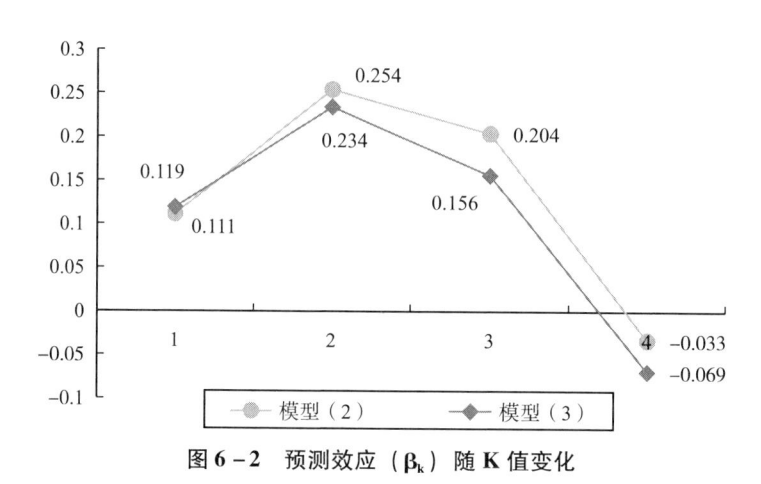

图6-2 预测效应（β_k）随K值变化

可以看到，在模型（6-2）和模型（6-4）中，由K=1到K=4，预测效应先增大后减小，在K=2处达到峰值。且综合这两个模型，K=1、K=4时的数据不具备统计学上的显著性，前者不显著异于零，可能是因为会计盈余信息转化为企业家的定性认识可能需要一定时间，上个季度的报表在季末"刚刚出炉"尚且来不及加深企业家的印象；后者不显著，甚至为负，则可能由于企业家信息时效性的考量或记忆能力的限制，历史会计信息赋予其视角下的宏观经济的增量信息含量变少。仅对 K = 2 和 K = 3 进行比较的话，K = 3 的预测效应变差也是情理之中，毕竟对于同样是已经消化的会计信息，更近的信息时效性更好、印象也更深。

对比模型（6 - 2）和模型（6 - 4），模型（6 - 4）中汇总会计盈余增长率的预测效应（β_k）比模型（6 - 1）中的更小，这是因为有一部分增量信息来源于其他宏观经济变量，将它们控制之后，预测效应会变小，但也更接近汇总会计盈余增长率真实的预测效应。

第六节 结 论

本章使用 2003 ~ 2013 年的沪、深两市 A 股上市公司的汇总会计盈余数据及企业家信心指数等数据，首次研究汇总会计盈余对企业家视角下的宏观经济的预测效应。研究显示，第 q 期的汇总会计盈余增长率对 q + 2、q + 3 期的企业家信心指数增长率有显著正影响，且 K = 2 时会计盈余增长率的回归系数大于 K = 3 时的系数，对 q + 1 期和 q + 4 期的企业家信心指数增长率的影响不显著。这表明中国上市公司披露的会计盈余信息对企业家信心指数有预测价值。在进一步的研究中，本书引入了 GDP 同比增长率、通货膨胀率、股指同比增长及银行间拆借利率，验证了它们对企业家信心指数的预测效应。

本章的研究有一定的开创性意义和应用价值：一是补充了国内会计信息对宏观经济指标预测意义方面的研究。二是本章从"企业家视角下的宏观经济"的角度看企业家信心指数，研究汇总会计盈余对其的预测效应，还在稳健回归中控制了其他影响因素，有助于我们理解"企业家视角下的宏观经济"的定性判断的形成。

企业家信心指数被广泛用于预测宏观经济，但存在模糊和主观性强的局限性，经过本章的研究，今后我们可以考虑尝试将汇总会计盈余信息及其他宏观经济变量作为企业家信心指数的补充，更好地佐证其预测效果，提高预测宏观经济的准确性。且本章对企业家信心指数的形成过程和影响因素进行了详尽的分析，希望可以为进一步改进企业景气调查，优化企业家信心指数尽绵薄之力。

第七章

实体经济效应：会计盈余与就业增长

第一节 引 言

就业是宏观经济、社会民生、政府施政绕不过去的重大话题。无论是宏观政策、两会发言，还是政府就业报告，都反复关注社会就业问题。"十三五"规划提出的一项主要目标任务和重大举措是建立健全更加公平更可持续的社会保障制度，实现城镇新增就业5000万人以上。李克强总理在2020年政府工作报告中提到，2019年国内生产总值达到99.1万亿元，增长6.1%。城镇新增就业1352万人，调查失业率在5.3%以下。综合研判形势，我们对疫情前考虑的预期目标作了适当调整。今年要优先稳就业保民生，坚决打赢脱贫攻坚战，努力实现全面建成小康社会目标任务：城镇新增就业900万人以上，城镇调查失业率6%左右，城镇登记失业率5.5%左右。要千方百计稳定和扩大就业，加强对重点行业、重点群体就业支持：今年高校毕业生达874万人，要促进市场化社会化就业；高校和属地政府都要提供不断线的就业服务，扩大基层服务项目招聘；做好退役军人安置和就业保障；实行农民工在就业地平等享受就业服务政策；帮扶残疾人、零就业家庭等困难群体就业。[①]

会计盈余增长能够合理预测企业的前景。企业是经济的重要推动力，会计盈余增长可以指示未来总需求的增长。会计盈余增长中包含相关的未来价格、产出和就业的信息。例如，会计盈余增长更容易和未来几个月或者几个季度的高投资支出相关，这可以转换成更多的商业拓展，更多消费

---

① 李克强2020年5月22日在第十三届全国人民代表大会第三次会议上做的政府工作报告，http://www.gov.cn/zhuanti/2020lhzfgzbg/index.htm。

和就业。

本章主要研究会计盈余对就业增长率的影响,本书以 A 股上市公司为微观会计盈余数据基础,从观察社会就业的角度,研究了会计盈余的信息含量。数据显示,总体会计盈余具有一定的宏观信息含量,会计盈余增长是就业增长率的先行指标,总体会计盈余增长与就业水平显著正相关。

第二节 文献回顾

奥肯定律指出,经济增长是解决失业问题的根本出路,只有经济增长,才有可能带来就业增长。方晶晶等(2004)认为近 20 年来,中国的经济增长与就业增长呈同步上升的趋势,符合经济增长与失业两者之间负相关,即失业率越小,经济增长越快的奥肯定律。其运用就业增长率与经济增长率的数量关系证明了在中国(1986~2002 年)存在奥肯定律,而且奥肯定律的效应较大。然而,中国过去几十年的数据是否能很好地体现奥肯定律,学者们的看法并不一致。

一、"经济增长与就业增长弱正相关"的相关研究

大部分学者认为,中国经济的高速增长并未带来高就业率,并从不同的角度出发,给出了造成这一现象的原因。胡鞍钢(1997)通过就业增长国际比较得出,中国 GDP 和投资增长率在世界居前列,中国就业增长率低于发展中国家水平,但高于发达国家水平,中国 GDP 和就业增长弹性指数比较低下。之后,其从城乡不同经济类型就业增长,劳动力供给因素影响,劳动力与资本比例关系,劳动力工资及其增长等方面分析了影响中国就业增长的因素。

1. 宏观政策与政府干预的角度。

蔡昉(2004)从自然失业率与宏观经济政策角度出发,对我国经济增长未能带来相应的就业增长这一现象给出了两方面的解释:首先,目前的高失业率有很大一部分是自然失业率,主要是由于劳动力市场不健全、产业结构调整和各种不利于就业扩大的规制而产生。这个失业组成部分并不能通过宏观反周期政策予以消除,反周期的宏观经济政策对解决自然失业是无能为力的;其次,20 世纪 90 年代以来,中国的就业增长主要是中小

企业、民营经济、非正规经济和逐渐发育起来的劳动力市场机制所创造的，在反周期的宏观经济政策所能调节的周期性失业方面，由于宏观经济政策所引导的投资方向往往是就业密集度较低的行业，进而导致反周期措施拉动就业的能力大大降低。

2. 技术进步、经济增长和社会发展模式的角度。

刘键等（2009）利用1978～2005年的有关数据对我国经济增长与就业弹性、就业增长率的关系做了实证分析。研究发现，我国就业弹性与经济增长是负相关的，就业增长率与经济增长率是弱正相关的。主要原因包括以下几点：第一，资本推动型增长模式是我国经济增长的主要模式，但投资增长对就业的拉动效应在快速下降；第二，技术进步加深了对劳动力的替代，导致技术进步对就业的拉动效应受到限制；第三，在就业体制方面，市场体制逐渐替代原有计划体制使得隐性失业显性化；第四，劳动力市场被人为分割，导致人力资源无法完全自由流动；第五，要素价格被扭曲，例如我国许多行业中过度劳动的现象普遍存在。李俊锋等（2005）从理论上分析了经济增长与就业增长的关系，并将中美两国的数据进行了比较研究，然后从技术进步和结构调整角度分析了我国出现这一现象的原因，认为两者不是决定性因素，之后用有效就业理论证明出我国同样存在经济增长与就业增长的互动机制，并用计量工具对结果进行了回归分析。

3. 产业结构和经济结构的角度。

张晓旭（2007）从产业结构的角度出发，运用偏离—份额方法分析了1978年以来中国就业增长与产业结构变迁的关系。结果发现，对于就业增长而言，结构成分占主导性作用。因此，中央政府促进就业增长的政策对于解决就业问题具有主导性作用，但是地方政府也可以通过选择合理的产业发展战略来提高本地区的就业增长率。在现阶段，由于第二产业吸收劳动力的能力减弱，为提高就业增长，中央政府应对中小企业实行政策优惠，大力促进第三产业发展，同时，加快中西部地区第二产业的增长对就业增长也具有很大的乘数效应。

李丽莎（2010）从产业结构角度对就业弹性进行了实证分析，通过就业弹性计算公式的推导与建立就业弹性的回归模型，提出影响就业弹性的重要因素是三次产业的就业弹性与三次产业的产值比重；我国就业弹性偏小的主要原因是三次产业的就业弹性偏小，与第三产业的产值比重明显偏小；提高就业弹性的途径为提高三次产业的发展水平与加快产业结构向"三二一"转变。

胡学勤、陆万军（2009）从计量分析、产业结构及政府行为角度解释了我国经济增长就业效应不足现象。从计量分析结果看，低利率对我国就业弹性的影响不显著，我国现阶段提升工资水平对就业弹性不会有大的影响。因此，我国要素价格机制的扭曲并非导致我国就业弹性低下的主要因素，经济结构失衡是就业效应不足的重要诱因。经济结构失衡包括：中小企业发展不足，降低了我国经济增长对就业的吸纳能力；产业结构调整相对滞后；劳动力市场不健全。此外，长期以来我国对地方政府的考核以GDP为首要目标，这就造成了部分地方政府一味地追求GDP而不兼顾就业的短期行为，也会导致我国经济增长就业效应不足。

易先桥、李晓琼（2006）从非均衡产业结构角度出发，认为在传统就业体制废除之后，经济增长与就业增长率表现出较强的非一致性，这种现象与我国非均衡的经济增长路径密切相关：非均衡产业结构制度安排降低就业率；非均衡的区域发展使中西部就业率下降。

4. 城市就业的角度。

马晓君（2004）从城市就业角度出发，通过格兰杰因果检验法对我国1985~2001年的数据进行分析。研究发现，从长期来看，城市就业增长速度和GDP增长速度之间有很强的因果关系，GDP增长率是引起城市就业增长率变化的原因，同时城市就业增长率也是GDP增长率变化的原因。城市就业的增长速度在1998~2001年与GDP的增长速度不一致是有原因的：中国正处于经济体制转型时期，全社会出现了下岗职工热潮，这是中国所特有的现象。

二、"经济增长率与就业增长率异象"的相关研究

也有部分学者认为中国的经济增长其实没有带动就业增长。龚玉全（2002）对1978~2001年中国GDP增长与就业增长的数据进行分析，得出了改革开放以来中国经济快速增长，就业增长率却逐步下降的结论。然而，其认为国内学者提出的技术进步论及经济结构调整论并不是形成我国经济增长和就业增长非一致的主导因素。之后，其从有效就业量与名义就业人数之间的差别出发，得出我国较高的经济增长率实际上带来了就业的相应增长，只是由于经济制度转轨和统计口径的偏差未能真实反映出实际就业状况。

刘峰（2006）从就业总量角度出发，以中国1979~2005年每年的

GDP总数、GDP增长率、总就业量及其增长率为分析指标，分别从总量、就业弹性、增长率等不同的角度对我国的经济增长与就业增长的关系进行了实证分析，并利用计量经济分析方法对样本数据进行了回归分析。研究发现，我国经济增长能带动就业总量的增长，但经济增长率与就业增长率却表现不一致。陈桢（2008）同样从就业总量角度出发，认为经济增长率与就业增长率指标的波动较大，两者回归关系不显著，其利用1979~2004年的GDP对就业人数分期作回归，结果表明GDP对就业人数的回归检验都是显著的，拟合效果比较满意，说明经济增长是就业的决定性因素。

三、我国就业影响因素的相关研究

有部分学者研究了影响我国就业的因素。李国璋、成静（2009）从不同产业角度出发，采用1978~2006年的分产业数据对影响三次产业的就业增长率的因素进行实证研究，发现影响各产业就业的主要因素并不相同，收入水平的提高对我国就业结构的改变有很大的影响。其中：三次产业全要素生产率的提高均会引起就业增长率的下降；第一、第二产业中资本劳动比与就业增长率负相关，第三产业中资本劳动比的增加却促进了就业；收入水平的提高对第一产业就业增长率有负的影响，对第二、第三产业的就业增长有正的影响。

王忠（2011）研究认为，中国的劳动生产率增长和就业增长之间存在较高程度的替代关系，即劳动生产率增长率上升，就业增长率将下降，反之亦然。但是，这一替代关系并非一成不变，而是受资本积累率、就业者平均工作时间变化率和生产效率等因素影响，改变这些因素将有助于改善劳动生产率增长和就业增长之间的替代关系。

马弘等（2013）从制造业的角度出发，运用1998~2007年工业企业的微观就业数据，对中国制造业企业的就业创造与就业消失的规模、特征和趋势进行了详细分析。研究发现，第一，1998~2007年，中国的制造业同时经历了大规模的就业创造与就业消失，平均就业净增长为正，且在2002年以后达到3%~7%的净增长。第二，就业创造和就业消失在不同行业之间具有显著的差异：消费品行业是创造就业最多的行业，而传统制造业的就业消失最多。第三，私营企业就业创造率高于外资企业和国有企业，国有企业的就业消失率最高；企业越年轻，其就业创造率（消失率）

就越高（低），因此对应的就业净增长率也就越高；南部沿海地区有着最高的就业创造率，和东部沿海、北部沿海地区一起经历了就业净增长，而内陆地区则经历了就业的负增长，其中以西北和东北这些传统经济的工业生产基地最为严重。第四，就业再分配中，组内的就业流动占据主导地位。除此之外，不同年限企业之间和不同所有制企业之间的就业流动贡献较大。

第三节 理论分析与研究假设

一、会计盈余影响实体经济活动

会计盈余对 GDP 的影响预示会计盈余具有实体经济效应。它直接影响实体经济活动的方方面面，包括服务价格、薪酬标准、投资规模、融资决策等等。此外，会计盈余会影响投资率的基准（贴现率），从而影响宏观资本形成率。此外，企业的会计盈余会扩大企业的投资活动，同时吸引更多的资本进入企业，从而对实体经济产生影响。

二、会计盈余与就业增长

会计盈余会提升就业增长。首先，会计盈余提高了企业的运营资金，企业有能力吸收更多数量、更高质量的人才来为企业服务。其次，会计盈余会增强企业扩张的意愿，企业扩张对人才的需求会带动就业的增长。最后，企业的扩张可能会带动关联地区以及产业链上下游的发展，进而创造出更多的就业增长。

基于以上分析，提出研究假设1。

假设1：宏观就业与上市公司总体会计盈余高度相关，其中就业增长率与会计盈余正相关，就业人员数量与会计盈余正相关。

三、政府干预对就业的影响

中国经济社会具有显著的政府干预特征，属于政府主导型经济体。地方政府在很大程度上拥有当地经济发展的政策制定权,并从当地经济增长中获得税收(王永钦,2007;陆铭,2008;Xu,2010)。施莱弗和维什尼(Shleifer and Vishny,1994)通过对多个国家的数据分析,指出政府干预对企业决策影响重大。克里斯坦森(Christensen,2009)同时指出,政府干预对会计政策的执行影响较大。

1. 政府干预经济对就业的正向作用。

在经济实践和理论研究中,国内外均有学者认为政府行为对宏观就业有正向影响。霍尔和雷恩(Hall and Reenen,2000)通过研究发现税收激励对企业研发投资具有较大的促进作用。陈林、朱卫平(2008)通过研究发现,发展中国家发布的优惠政策能有效激励创新产出。朱平芳、徐伟民(2003)研究发现,上海市政府的科技拨款资助和税收减免对大中型工业企业增加自筹研发投入有促进作用。解维敏等(2009)的研究亦显示,来自政府的资助刺激了企业研发支出。

2. 政府干预经济对就业的负向作用。

部分学者认为政府干预对就业具有负面影响。陆铭、欧海军(2011)发现,外商直接投资能够显著提高GDP的就业弹性,但政府干预削弱了外资的就业创造能力。同时,具有生产性的省级政府基本建设支出与GDP的比值每上升1个百分点,城市就业弹性就下降0.089。如果政府支出(特别是基本建设支出)与GDP的比值持续上升,那么,就业弹性就将持续下降。因此,地方政府的干预导致的地方上市国企过度投资会降低当地经济增长对就业的吸纳能力。

3. 政府干预经济对就业的影响不明确。

政府干预未必能带来增加研发、投资、就业的实际效果。政府主导型经济体的政府行为、官员行为及环境不确定性,会直接影响微观的投资和就业。理论上,地方政府至少有两个重要动机去影响产业结构,从而影响就业和就业弹性。首先,经济增长竞争上的压力促使地方政府倾向于引进投资规模巨大的企业,优先推动资本密集型产业发展。虽然这些企业的引进与产业的发展能够带来快速的经济增长,但其对就业的吸纳能力却相对有限。在"政治锦标赛"中,上级政府对下级政府官员的政绩考核是基于经济增长率(Li and Zhou,2005),因此地方政府展开了激烈的经济增长竞争(张军和周黎安,2008)。其次,地方政府税收最大化的动机会引起发展资本密集型产业的偏向。在同等条件下,贡献更多企业所得税的企业多是资本密集型企业。为了获得上级政府更多的所得税税收返还,地方政府仍然需要发展资本密集型产业，同样是因为资本密集型的产业所得税税基更大。税收征收中的规模经济促使地方政府在招商引资时偏向大企业（陆铭、欧海军，2011）。

基于以上分析，提出研究假设2。

假设2：政府干预因素会影响就业，并影响上市公司会计盈余与就业的相关关系。

第四节 研究设计

一、研究样本与数据来源

本章选取1990~2015年会计盈余、宏观经济和就业数据为研究样本。数据来源主要是Wind数据库和国家统计局的《中国统计年鉴》。

本章对样本区间的选择和数据来源进行了交叉比较。财务数据和宏观数据均以Wind数据库的数据为基础，对于一些不合理和不一致的数据，与《中国统计年鉴》和国泰安数据库进行了比对。分省份就业增长率等数据涉及31个省级单位。

二、模型设计

为检验会计盈余对宏观就业的促进作用，以及政府干预的影响，本书参照科奇奇基和帕塔图卡斯（2014a）的模型（7-1）和模型（7-2）。将K&P模型中的被解释变量GDP替换成本书所研究的宏观就业指标，并做出相应的调整，调整后模型如下：

$$\Delta LABOR_{q+k} = \alpha + \beta_1 \Delta AAE_q + \beta_2 \Delta LABOR_q + \varepsilon_{q+k} \quad (7-1)$$

$$\Delta LABOR_{q+k} = \alpha + \beta_1 \Delta AAE_q + \beta_2 \Delta LABOR_q + \beta_3 GOV_q + \varepsilon_{q+k} \quad (7-2)$$

1. 被解释变量。

$\Delta LABOR$代表就业人口增长率指标，主要关注省级从业人员数和省级就业增长率。从业人员数量指标包括第一产业从业人员数，第二产业从业人员数和第三产业从业人员数。从业人员数量指标和省级就业增长率指标均取自国家统计局数据。

2. 解释变量。

ΔAAE_q 即整体会计盈余增长率，GOV_q 即各种政府对经济的主导因素，主要观测地方政府预算干预强度、财政支出干预强度、市场化程度等。

关于整体会计盈余增长率的计算，我们参照科奇奇基和帕塔图卡斯（2014）的方法。具体地，首先将每个公司年报中季度累计净利润（或营业利润）调整为各季度当期净利润（或营业利润），并除以各公司该季度的营业收入，得到 $X_{i,q}$；其次，计算各公司各季度相比于上年同季度 $X_{i,q}$ 的增长率 ΔX_i，$q = \frac{(x_{i,q} - X_{i-1,q})}{|X_{i-1,q}|}$；最后，以上市公司在各季度期初的总市值作为加权基础，对所有上市公司在各季度的 $\Delta X_{i,q}$ 进行加权平均，得到 ΔX_q。按国家层面和省级层面来汇总所有上市公司的会计盈余，即可以得到全国或各省份的整体会计盈余增长率 ΔAAE_q。

政府对经济的主导因素观察变量如下。

（1）干预型经济的一些宏观经济特征变量。主要关注省份预算干预、省份支出干预、外商投资总额。政府干预对就业增长的影响和城市异质性有关，外商投资程度高的城市，吸引外资多，而外资将在市场机制作用下根据中国经济的比较优势而倾向于进入劳动密集型行业，其就业增长也会更高。然而，政府干预强的城市，由于政府更加倾向于发展资本密集型产业，更愿意吸引相对资本密集的外商直接投资。为了检验政府干预是否会显著降低外商投资对就业增长的影响，我们控制了政府干预与外商投资的交互项。其中，外商投资用外商实际投资与当地 GDP 的比值来度量。

（2）政府干预的一些评分指数。包括市场化指数、政府干预指数、法律环境指标，取自樊纲等发布的《中国市场化指数》。政府干预指数与法律环境指标分别取自樊纲等发布的《中国市场化指数》中"减少政府对企业干预"指数和"市场中介组织和法律制度环境"指数。

（3）人均 GDP。在经济发展早期，工业部门的扩张主要依靠劳动密集型产业的发展，所以就业增长会随着人均 GDP 的上升而逐步提高。随着人均 GDP 的进一步上升，劳动力相对于资本越来越贵，从而导致就业增长下降，但是，当人均 GDP 继续升高时，服务业的比重将上升，经济发展的吸纳就业能力也将提高，就业增长就又会上升。因此，随着人均 GDP 的不断提高，就业增长将经历先上升再下降，而后再上升的过程。在一些模型检验和稳健性测试时，除了政府干预，有时还需要控制人均

GDP、人均 GDP 的二次项（控制人均 GDP 与其二次项是因为随着经济发展水平的提高就业增长将发生变化，而且这种变化并不一定是线性的）、外商投资、外商投资与政府干预的交互项、城市化水平与地区哑变量。

（4）城市化。该指标用年末非农人口占总人口的比重来度量。一方面，城市化水平越高，劳动力的收入水平越高，产业发展将出现资本深化的倾向，这对就业增长有负的影响。另一方面，城市化会促进服务业的发展，从而提高就业增长。因此，城市化对就业增长的净影响只能通过模型来估计。

表 7-1 列出了本书经验分析部分所用到的变量及其说明。

表 7-1　　　　　　　　　　　变量描述

变量	变量描述	备注
省份从业人数	来源国家统计局，省份就业人数	省份从业人数
省份就业增长率	来源国家统计局，省份就业增长率	省份就业增长率
省份利润总额	省份所有上市公司净利润总额增长率	省份利润总额
省份营业利润	省份所有上市公司营业利润总额增长率	省份营业利润
省份 GDP 值	省份 GDP 总额	省份 GDP 累计值
省份 GDP 增长率	省份 GDP 增长率	省份 GDP 累计同比
省份预算干预	省级地方财政一般预算收入/GDP	省份财收累计
省份支出干预	省级地方财政一般预算支出/GDP	省份财支累计
外商投资总额	城市外商实际投资/GDP	外商投资总额
省份城市化率	城市年末非农人口/总人口	省份城市化率
省份人均 GDP	省份人均 GDP	省份人均 GDP
市场化指数	取自樊纲等发布的《中国市场化指数——各地市场化相对进程 2011 年报告》	有分三段和分五段排序
政府干预指数	"减少政府对企业干预"指数，来自《中国市场化指数——各地市场化相对进程 2011 年报告》	有分三段和分五段排序
法律环境指数	"市场中介组织和法律制度环境"指数，来自《中国市场化指数——各地市场化相对进程 2011 年报告》	有分三段和分五段排序

第五节 实证分析

一、描述性统计

在变量的描述性统计中，1990~2015年的年度数据显示全A上市公司的营业利润中位数是9.28，平均值是28.31。省份就业增长率平均值是0.39，中位数是1.45，省份就业增长率的平均值和中位数相差较大，说明数据整体左偏，离散程度较高。描述性统计如表7-2所示。表7-3为相关系数。

表7-2　　　　　　　　　　描述性统计

变量	样本量	平均值	标准差	中位数	最小值	最大值
省份从业人数	798	2049	1603	1698	0	6288
省份就业增长率	703	0.390	11.03	1.450	-100	9.050
省份利润总额	790	28.26	89.36	10.90	-210.4	841.8
省份营业利润	790	28.31	99.81	9.280	-164.3	998.6
省份GDP值	735	6730	8099	3474	0	50013
省份GDP增长率	735	797.5	4013	10.77	0	37002
省份城市化率	722	43.67	16.67	43.01	16.29	88.70
省份人均GDP	821	17156	18306	9440	1013	93173
省份预算干预	703	0.0900	0.0400	0.0800	0.0300	0.320
省份支出干预	703	0.190	0.130	0.150	0.0500	0.960
外商投资总额	647	0.0700	0.0900	0.0400	0.0100	0.640

第七章 实体经济效应：会计盈余与就业增长

表 7-3 相关系数

变量	省份从业人数	省份就业增长率	省份利润总额	省份营业利润	省份GDP值	省份GDP增长率	省份城市化率	省份人均GDP	省份预算干预	省份支出干预	外商投资总额	市场化指数
省份从业人数	1											
省份就业增长率	0.147	1										
省份利润总额	−0.0568	0.0503	1									
省份营业利润	−0.0810	0.0465	0.818	1								
省份GDP值	0.554	0.0687	−0.0545	−0.0673	1							
省份GDP增长率	0.309	0.0367	−0.00180	−0.00700	0.00210	1						
省份城市化率	−0.145	0.0233	−0.00650	−0.0377	0.346	0.0528	1					
省份人均GDP	0.0690	0.127	−0.0129	−0.0226	0.710	0.0772	0.655	1				
省份预算干预	0.113	0.0862	−0.00830	−0.0233	0.260	0.688	0.399	0.566	1			
省份支出干预	−0.243	0.0539	0.0746	0.161	−0.132	0.301	−0.136	0.0931	0.382	1		
外商投资总额	−0.0878	0.0493	0.0840	0.00450	−0.0439	0.252	0.146	0.0725	0.257	−0.146	1	
市场化指数	−0.386	−0.0738	0.0413	0.0598	−0.416	−0.0817	−0.485	−0.375	−0.0912	0.472	−0.225	1

二、会计盈余与就业增长的实证分析

按照就业增长率和从业人数两类指标，本书将回归结果分别列示在两张表中，其中表7-4各模型的被解释变量均为就业增长率，而表7-5各模型的被解释变量均为从业人数。表7-4与表7-5的数据结果显示，会计盈余与就业增长存在正相关关系，这与理论分析相一致。在不同的分析模型中，这一结果稳定，都在1%水平显著。

表7-4各模型中利润总额与就业增长率的系数约为0.005，与就业增长率显著正相关。即如果财务报表显示该省份的企业盈余向好，可以预见该省份的就业也在改善。这个结果非常符合逻辑。理解这个逻辑，可以通过解读会计信息来及时高效的理解就业变化。表7-5的结果也显示了会计盈余数据与从业人数宏观数据显著相关。

表7-4 就业增长率回归结果

变量	(1) 省份就业增长率	(2) 省份就业增长率	(3) 省份就业增长率	(4) 省份就业增长率
省份利润总额	0.00539*** (0.00202)	0.00574*** (0.00210)	0.00575*** (0.00211)	0.00557*** (0.00207)
省份城市化率		-0.0725 (0.0858)	-0.0720 (0.0859)	-0.0896 (0.0953)
省份人均GDP	8.10e-05** (3.30e-05)	0.000117* (6.18e-05)	0.000119* (6.50e-05)	0.000165* (8.55e-05)
省份预算干预	-5.597 (9.066)	-0.917 (8.902)	-3.290 (19.07)	-3.097 (9.047)
省份支出干预	5.124** (2.425)	2.922 (3.277)	2.908 (3.317)	1.394 (4.178)
外商投资总额	6.509** (3.019)	6.857** (3.406)	6.875** (3.383)	6.451* (3.335)
省份GDP增长率			2.79e-05 (0.000101)	

续表

变量	(1) 省份就业增长率	(2) 省份就业增长率	(3) 省份就业增长率	(4) 省份就业增长率
省份GDP值				-7.70e-05 (5.79e-05)
常数项	-2.585** (1.170)	-0.0516 (2.939)	0.0665 (2.976)	0.899 (3.540)
样本数	497	497	495	492
R^2	0.022	0.026	0.026	0.030
F-test	3.748	3.025	2.749	6.464
Log likelihood	-1907	-1905	-1899	-1888

注：***$p<0.01$，**$p<0.05$，*$p<0.1$。

表7-5　　　　　　　　　从业人数回归结果

变量	(5) 省份 从业人数	(6) 省份 一产业从业	(7) 省份 二产业从业	(8) 省份 二产业从业	(9) 省份 三产业从业
省份利润总额	-0.0161*** (0.00363)	-0.00763*** (0.00142)	-0.00611*** (0.00133)	-0.00623*** (0.00125)	-0.00417*** (0.00126)
省份城市化率	-48.05*** (5.226)	-27.24*** (1.884)	-13.43*** (1.748)	-13.29*** (1.735)	-12.07*** (1.373)
省份人均GDP	0.0192*** (0.00533)		0.00931*** (0.00221)	0.00905*** (0.00224)	0.00958*** (0.00171)
省份预算干预	17866*** (1896)	7847*** (734.3)	5310*** (760.6)	5567*** (791.3)	5094*** (540.4)
省份支出干预	-4738*** (385.9)	-2175*** (159.8)	-1417*** (135.9)	-1445*** (135.3)	-1390*** (111.3)
外商投资总额	-2626*** (652.2)	-1929*** (322.3)		-260.6 (229.2)	-716.2*** (188.5)

续表

变量	(5) 省份 从业人数	(6) 省份 一产业从业	(7) 省份 二产业从业	(8) 省份 二产业从业	(9) 省份 三产业从业
省份GDP增长率					
省份GDP值					
常数项	3474*** (251.2)	2074*** (91.84)	815.7*** (84.70)	816.3*** (83.57)	907.0*** (65.17)
样本数	571	549	549	549	549
R^2	0.277	0.372	0.286	0.288	0.338
F-test	40.36	61.04	34.07	30.08	46.32
Log likelihood	-4942	-4261	-4161	-4160	-4072

注：*** $p<0.01$，** $p<0.05$，* $p<0.1$。

三、政府干预因素的实证分析

表7-4和表7-5显示，预算干预和支出干预对就业增长率相关性不显著，但与从业人数增长显著相关，这说明政府干预无法及时调整社会整体就业水平。从政府施政角度看，短期内通过政府的财政行为来提升就业率难度较大，难以取得理想的效果。但从长期来看，政府的行政干预水平与就业人数直接相关。政府施政如果想要对就业产生影响，就需要从长计议。此外，省份人均GDP与就业水平显著正相关，这说明经济水平较高的地区，一般就业比较饱满，经济活力较好，就业增长也较理想。

理论上，地方政府通过干预生产性的基本建设财政支出与选择外商直接投资类型去影响就业增长，就业增长也会反过来影响政府干预。当一个地方就业增长相对较高时，地方经济发展就更多地偏向于劳动密集型行业，那么，在经济增长竞争与获得更多财政收入方面，地方政府就面临更多的压力，从而更加有动力去干预经济。因此地方政府干预程度提高会降低就业增长，而就业增长高会导致更高的地方政府干预，地方政府干预与就业增长的双向因果关系的方向相反，这会低估政府干预对就业增长的影响。为了处理就业增长与政府干预的双向因果关系，以期有效识别政府干预影响就业增长的直接机制与间接机制，本书采用不同的政府干预计量方法，采用不同的检测模型，以及用滞后的政府干预来解释当期的就业增长。

表7-6显示，采用樊钢的政府干预指标进行控制后，政府干预、预算干预、支出干预与就业增长率显著相关。政府干预指数反映一个省的长期政府干预水平，越高表示该省长期以来，经济自由度不够，政府干预企业经营较明显。这种情况下，经济活力较差。政府干预指数是负显著相关，显示这种长期化的不自由的经济干预环境不利于省就业增长，在政府干预指数低的地区，经济更好，会计盈余更好，就业水平也更好。预算干预和支出干预对就业的影响如表7-6所示。

表7-6　　　　预算干预和支出干预对就业的影响

变量	(1)省份就业增长率	(2)省份就业增长率	(3)省份就业增长率	(4)省份就业增长率	(5)省份就业增长率	(6)省份就业增长率	(7)省份就业增长率	(8)省份就业增长率
省份利润总额	0.00622*** (0.00186)	0.00594*** (0.00180)	0.00579*** (0.00176)	0.00591*** (0.00182)	0.00558*** (0.00178)	0.00579*** (0.00197)	0.00652*** (0.00200)	0.00526*** (0.00190)
政府干预指标二		-1.885** (0.881)						
政府干预指标三		-1.906** (0.913)						
政府干预			-0.957** (0.455)	-1.020** (0.513)	-1.265** (0.573)	-1.322* (0.712)	-1.047 (0.638)	-1.109 (0.717)
省份预算干预				17.30*** (5.031)	10.84** (5.181)	14.61 (9.940)	6.508 (9.877)	1.338 (9.566)
省份支出干预					4.993** (2.132)	4.518* (2.579)	2.949 (2.494)	4.031 (2.990)
省份城市化率						-0.0150 (0.0496)	-0.0707 (0.0683)	-0.0744 (0.0862)
省份人均GDP							9.51e-05** (4.83e-05)	0.000102* (5.70e-05)
外商投资总额								2.498 (2.719)
常数项	0.158 (0.469)	1.434*** (0.146)	2.079*** (0.690)	0.628 (0.805)	0.714 (0.816)	1.244 (2.961)	2.321 (3.254)	2.529 (4.002)

续表

变量	(1)省份就业增长率	(2)省份就业增长率	(3)省份就业增长率	(4)省份就业增长率	(5)省份就业增长率	(6)省份就业增长率	(7)省份就业增长率	(8)省份就业增长率
样本数	688	688	688	612	603	547	543	497
R^2	0.003	0.009	0.007	0.014	0.017	0.016	0.027	0.030
F – test	11.17	3.932	5.655	6.610	5.006	3.380	3.242	2.992
Log likelihood	-2633	-2631	-2632	-2334	-2303	-2115	-2098	-1904

注：*** p < 0.01，** p < 0.05，* p < 0.1。

四、市场化指数和法律环境的影响

表7-7显示了市场化指数的影响，市场化指数越高，表示所在省份的市场化程度高。表7-8则主要关注法律环境对宏观就业的影响。数据显示，在控制了市场化指数、法律环境等因素后，会计盈余与就业增长的相关关系依然显著。这说明在市场和法律不是非常完善的转型经济中，上市公司的会计盈余对宏观就业仍具有决策价值。这也在一定程度上表明，随着我国市场化的深入、股权分置改革等基础制度的改善，以及会计信息质量的提高，中国资本市场上市公司的业绩具备了提前反映宏观就业趋势的"晴雨表"功能。

表7-7　　　　　　市场化指数的回归结果

变量	(1)省份就业增长率	(2)省份就业增长率	(3)省份就业增长率	(4)省份就业增长率
省份利润总额	0.00590*** (0.00219)	0.00590*** (0.00214)	0.00580*** (0.00212)	0.00572*** (0.00210)
省份城市化率	-0.0901 (0.0943)	-0.0867 (0.0951)	-0.0891 (0.0956)	-0.0849 (0.0925)
省份人均GDP	0.000100* (5.42e-05)	0.000101* (5.26e-05)	0.000102* (5.19e-05)	0.000101* (5.25e-05)

续表

变量	（1）省份就业增长率	（2）省份就业增长率	（3）省份就业增长率	（4）省份就业增长率
省份预算干预	-2.008 (9.201)	-10.23 (12.85)	-2.368 (9.016)	-7.885 (9.142)
省份支出干预	6.675* (3.850)	8.618 (5.309)	6.929* (3.589)	8.058** (3.457)
外商投资总额	4.805 (3.472)	3.525 (2.807)	5.549** (2.575)	4.590** (2.293)
市场化指数二		-0.948 (1.459)		
市场化指数三		-2.749* (1.555)		
市场化指数四		-2.546 (1.990)		
市场化指数五		-4.246 (3.756)		
市场化指数二	-1.819* (1.033)			
市场化指数三	-2.80 (1.966)			
市场化指数一			-1.371 (1.035)	
市场化指数二				-0.925 (0.645)
常数项	2.193 (3.489)	3.024 (4.553)	3.242 (4.881)	3.439 (4.928)
样本数	497	497	497	497
R^2	0.032	0.034	0.032	0.033
F-test	2.988	2.451	2.827	3.029
Log likelihood	-1904	-1904	-1904	-1904

注：*** $p<0.01$，** $p<0.05$，* $p<0.1$。

表7-8　　　　　　　　　　法律环境的回归结果

变量	(1) 省份就业增长率	(2) 省份就业增长率	(3) 省份就业增长率	(4) 省份就业增长率
省份利润总额	0.00553*** (0.00199)	0.00540** (0.00209)	0.00583*** (0.00204)	0.00542*** (0.00207)
省份城市化率	-0.102 (0.0966)	-0.111 (0.112)	-0.105 (0.0975)	-0.112 (0.116)
省份人均GDP	0.000104** (5.30e-05)	9.67e-05* (4.98e-05)	0.000102* (5.28e-05)	0.000104** (5.01e-05)
省份预算干预	-2.910 (9.439)	1.004 (7.656)	-1.186 (9.176)	-1.035 (8.987)
省份支出干预	7.526 (4.981)	7.278 (4.774)	7.231 (4.899)	7.470 (4.971)
外商投资总额	2.958 (3.365)	0.507 (3.255)	2.487 (3.358)	2.584 (4.131)
法律环境指标二		-2.225 (1.461)		
法律环境指标三		-1.437 (1.984)		
法律环境指标四		-4.310 (2.760)		
法律环境指标五		-4.642 (4.160)		
法律环境指标二	-0.814 (1.273)			
法律环境指标三	-3.551 (2.581)			
法律环境指标一			-1.845 (1.316)	
法律环境指标二				-1.048 (1.061)
常数项	2.565 (4.032)	4.092 (5.625)	4.978 (5.153)	4.629 (6.888)

续表

变量	（1）省份就业增长率	（2）省份就业增长率	（3）省份就业增长率	（4）省份就业增长率
样本数	497	497	497	497
R^2	0.037	0.036	0.035	0.033
F – test	2.323	2.408	2.669	2.655
Log likelihood	–1903	–1903	–1903	–1904

注：*** $p<0.01$，** $p<0.05$，* $p<0.1$。

五、稳健性检验

限于篇幅，稳健性检验数据没有列出，我们对上述的研究发现进行了多种稳健性检验，更替了多种计量方法，主要有：（1）控制年度和季度效应的稳健性检验。（2）宏观经济增长指标的稳健性检验。（3）政府干预指标、市场化指数、制度环境指标的稳健性检验等。

第六节 结 论

本章选取1990~2015年会计盈余、宏观经济和就业数据为研究样本，检验会计盈余对宏观就业的促进作用，以及政府干预的影响。数据显示，总体会计盈余具有一定的宏观信息含量，总体会计盈余增长与就业水平显著正相关，但政府预算干预和支出干预对就业增长率相关性不显著。而在采用樊纲的政府干预指标进行控制后，政府干预、预算干预、支出干预、和就业增长率显著相关。在进一步的研究中发现，在控制了市场化指数、法律环境等因素后，会计盈余与就业增长的相关关系依然显著。这说明在市场和法律不是非常完善的转型经济中，上市公司的会计盈余对宏观就业仍具有决策价值。这也在一定程度上表明，随着我国市场化的深入、股权分置改革等基础制度的改善以及会计信息质量的提高，中国资本市场上市公司的业绩具备了提前反映宏观就业趋势的"晴雨表"功能。

本章可能的研究贡献主要体现在以下两个方面：第一，拓展了整体层面会计盈余信息含量的研究，有益于进一步理解会计盈余对于全社会就业态势的预测价值。第二，对于预测宏观经济走向，预测社会就业动态有增量预测价值，可以更及时、更全面地理解市场和经济走向等。

本章研究的局限性在于，数据处理和模型测试还有进一步完善空间，由于我国资本市场发展较晚，起初的信息披露制度也并不完善，获取的观测值数量较少，这一点只能依靠时间的推移逐步积累数据，才能进一步地在更长的时间区间内对本书研究结论的可靠性进行检验。此外，由于中国各省份的宏观就业数据比较粗糙，在研究中发现各省份的数据均存在一定误差，可能会对研究结果有所影响。

第八章

企业利润增长离差是否能预测失业率[*]

第一节 引 言

上市公司发布的经过审计的会计信息的可靠性相对较高，是经济预测的一大宝库。怎样发掘与使用这些信息是会计研究的热点。如何在微观层面使用会计信息解读企业状态，使投资者清晰地把握企业现状与未来前景，已经有着大量学者进行了研究，特别是布朗和鲍尔（Brown and Ball, 1968）发表的经典论文，他在其中检验了股价与上市公司财报信息关系。不过在宏观预测方面，会计信息如何使用还未吸引太多注意力。一些开拓性的研究开始在国外学者的文章中出现，他们检验了上市公司会计盈余与GDP 增长的关系。企业盈余是 GDP 的重要组成部分且与其他部分相关（Fischer and Merton, 1984; BEA, 2004）。而企业利润的增长可以以累积会计盈余的增长为代表，驱动经济增长（BEA, 2004）。基于此，科奇奇基和帕塔图卡斯（2014a）以美国市场数据入手，检验出上市公司汇总会计盈余对 GDP 变化的显著预测效果。科塔里（2013）还发现，汇总会计盈余同样对通货膨胀率有着重要解释意义。

这些近来的研究显示，上市公司会计财报信息显然具有大量尚未发掘的宏观预测作用。相对其他国家，中国对这些信息的使用需求尤为迫切。会计信息对经济的晴雨表作用在中国股市上得不到正常发挥，因而要求更多的宏观预测手段。（谈儒勇，1999；李冻菊，2006；孙霄翀，2007）。我国会计系统在不断发展与完善中，会计信息愈来愈具有可靠性和参考性，

---

[*] 本章是和吴春林的合作研究成果。

如何充分利用成为一个很有前景的课题。

值得注意的是，会计信息首先被企业管理者所使用。企业管理者在判断企业经营状况及预测未来发展时，必定会使用会计信息。而企业战略的扩张和收缩也必定会基于这些判断和预测。企业会计盈余作为一个备受投资者关注的，在企业会计信息中占据重要地位的数据，对企业一段时期内的经营状况有着较强的解释和衡量作用。会计盈余高往往意味着经营状况良好，企业在这种情况下更易扩张。扩张又往往伴随着新的招聘计划（Nallareddy and Ogneva，2017）。相反，低的会计盈余往往伴随着收缩与裁员。因此，可以使用企业会计盈余的离差解释企业经营状况的差异程度，高的离差会造成劳动力在不同企业和行业之间的流动。此外，寻找工作的时间、培训时间、信息不对称等就业摩擦因素也会造成失业率的上升。

基于此，本章使用1992~2016年中国A股上市公司会计信息及其盈余增长离差等，探究这些信息对于城镇真实失业率的预测作用。研究显示，上市公司盈余增长离差对于城镇真实失业率有着显著的影响。

第二节 理论分析与研究假设

一、盈余增长与企业战略

管理者在决策的过程中，依赖最多的是企业会计信息（Ball and Brown，1968；陈晓，1999），而财务分析的起点也是会计分析。从微观层面来看，会计信息综合反映企业业绩、评估企业价值和预测企业未来（刘玉廷等，2010）。这意味着会计数据与企业未来的战略有一定相关关系。作为企业会计数据中最重要的部分之一，企业盈余能在很大程度上反映企业一段时期内的经营状况。高盈余增长意味着良好的经营状态，明朗的未来预期以及进行扩张的资本。在控制股票回报和上一期的就业增长后，研究发现具有高盈余增长率的企业更倾向于采取积极的企业战略，扩大他们的员工规模；而低盈余增长率的企业则相反（Nallareddy and Ogneva，2017）。因此，具有高盈余增长的企业更倾向于扩张，而低盈余增长的企业倾向于收缩。扩张意味工作岗位增加，收缩意味工作岗位减少，劳动力由此产生流动。

二、盈余增长离差与失业率

纳拉雷迪和奥涅娃（Nallareddy and Ogneva, 2017）认为，企业盈余增长离差增加导致劳动力再分配。事实上，高的企业盈余增长离差表明企业经营状况差异较大，扩张性与收缩性企业两极分化，工作岗位与薪酬的分化将促使劳动力在不同企业和行业间的再分配。这可能是经济不稳定、地区发展不均衡、产业转移等原因造成的。其中，盈余增长离差很好地体现在了产业转移理论中（Jorgensen and Sadka, 2012）。在劳动力再分配过程中，天然的交易成本会直接造成摩擦性失业和更广泛的结构性失业，这将造成失业率的上升。

我们使用上市公司的财务数据，是因为这些数据对于整个经济状态具有代表作用。我国股市没有经济晴雨表功能，是因为股市脱离了上市公司经营状态（孙霄翀等，2007），但上市公司的会计信息并没有丧失这一作用。所以，上市公司盈余增长离差大也意味着整个经济中企业经营情况的两极分化。这使劳动力的流动加快，失业率上升。

三、其他需要控制的因素

经济增长率是影响失业率的因素（钱小英，1998）。高经济增长率会创造出更多的工作岗位，这会削弱高盈余增长离差带来的失业影响。而当经济状况不好时，低的盈余增长离差也会伴随高失业率，这是周期性失业带来的影响。故须在分析中控制经济状况，即 GDP 增长率。

政府的干预是影响经济结构的因素。出于政绩考虑，政府财政支出扶持产业时一般会选择资本密集型行业，这会使得行业结构扭曲，从而给就业市场带来冲击。同时固定资产投资也是影响人力市场的重要因素，高的固定资产投资代表了扩张的产业与经济。因此，我们需要在实证检验中控制政府财政支出占 GDP 比重与固定资产投资占 GDP 比重两个变量（袁志刚、高虹，2015）。

国有企业在我国劳动力市场上占据重要地位。国企稳定的天然属性决定了其人力资源战略与私营企业完全不同。因为受政府控制较大，地方政府基于社会性目标有动机干预企业行为，使企业承担地方经济发展、税收、就业和社会稳定等政策性目标（林毅夫和李志赟，2004），故在分析中需要将其区分。公有企业稳定的天然属性使其在进行收缩性战略时避免过多的裁员，因此我们预期公有企业对失业率影响不如私有企业显著。

劳动密集程度不同的企业其扩张与收缩对劳动力市场的影响大不一样，需要在研究中加以考虑。劳动密集程度高的上市公司代表了劳动密集程度高的行业，当其盈余增长离差大时，企业战略的差异化带来的工作岗位流动效果更大，从而对劳动力市场造成更大的冲击，产生更高的失业率。

基于以上分析，我们做出以下假设。

假设1：控制了GDP增长率、政府财政支出占GDP比重与固定资产投资占GDP比重后，上市公司盈余增长离差与失业率成正相关关系。

假设2：国有企业盈余增长离差对失业率的相关关系比较不显著。

假设3：劳动密集行业的盈余增长离差对失业率的影响更大。

第三节 数据来源与分析

一、失业率数据

目前公布的官方失业率数据中最有意义的是"城镇登记失业率"，以城镇登记失业人口除以城镇登记失业就业人口之和得到。从计算方式来看，城镇登记失业人口大大缩小了真正失业人数，造成登记失业率比真实失业率低。从结果来看，城镇登记失业率基本保持稳定，无论是在经济快速发展的2004~2007年，还是在经济困难的2009年，这一数值都在4.2左右波动。这与经济事实明显不符的数据，受到了大量质疑。

在实际科研工作中，处理失业率数据的方法大致可分为五种。第一种将失业人群细分，各自估算最终加总。但由于划分工作难以准确细致合理地进行，容易漏算或多算（程连升，2000）。第二种方法根据劳动参与率来估算失业率，这种方法的假定让人难以信服，即社会劳动参与率保持不变。第三种方法是通过抽样调查获取抽样失业率，但地区差异使其代表性较差，难免出现遗漏。第四种方法是调整系数法，以当年城镇登记失业率为基准，以人口普查数据获得调查年份的真实失业率，二者比值视为调节系数。但两次人口普查之间相隔 10 年，中间的调整系数难以令人信服（熊祖辕，2004）。最后一种方法是使用经济回归模型，探究真实失业率。

本书采用的失业率数据是参照郝翌的方法：基于 MIMIC 模型确定 1990~2014 年中国城镇真实失业率（郝翌，2016）。2014 年后取 2014 年真实失业率与登记失业率的比值为调整系数，乘以 2015 年、2016 年登记失业率得出真实失业率。

经过测算，全国经调整城镇失业率如表 8-1 所示。

表 8-1　　　　　1999~2016 年全国经调整城镇失业率

年份	城镇登记失业率	调整系数	城镇实际失业率	年份	城镇登记失业率	调整系数	城镇实际失业率
1990	2.5	1.544	0.044266	2004	4.2	1.611	0.0736
1991	2.3	1.93	0.045769	2005	4.2	1.509	0.081
1992	2.3	2.123	0.622381	2006	4.1	1.425	0.0754
1993	2.6	2.251	0.065463	2007	4	1.352	0.0821
1994	2.8	2.348	0.082154	2008	4.2	1.288	0.085
1995	2.9	2.425	0.080644	2009	4.3	1.232	0.0822
1996	3	2.489	1.601883	2010	4.1	1.179	0.0839
1997	3.1	2.544	0.124282	2011	4.1	1.534	0.0861
1998	3.1	2.593	0.239203	2012	4.1	1.712	0.0858
1999	3.1	2.635	0.377674	2013	4.05	1.831	0.0836
2000	3.1	2.674	0.044266	2014	4.09	1.92	0.0856
2001	3.6	2.164	0.045769	2015	4.05	1.991	0.08476
2002	4	1.909	0.622381	2016	4.02	2.050	0.08372
2003	4.3	1.73917	0.065463				

二、盈余增长离差

我们参照纳拉雷迪和奥涅娃（2017）的方法，三步计算盈余增长离差。

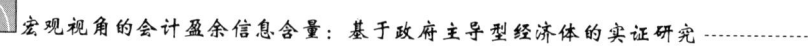

1. 计算每个公司 i 和年度 t 的盈余变化（ChEarn）。

$$\text{ChEarn}_{it} = \frac{\text{Earn}_{it} - \text{Earn}_{it-1}}{\text{BV}_{it-1}}$$

其中 Earn_{it} 是企业 i 在季度 t 时实现的盈余，BV_{it-1} 是企业 i 在年度 t-1 的净值。这使盈余变化基于公司规模进行了标准化，规模更大的公司对于经济的影响力更大。

2. 计算平均盈余变化（AggChEarn）。

$$\text{AggChEarn}_t = \frac{1}{N_t} \sum_{i=1}^{N_t} \text{ChEarn}_{it}$$

其中 N_t 是 t 季度公司总和。剔除前后各 1% 的公司数据以规避特殊事件影响。

3. 计算盈余变化离差。

$$\text{AggEarDisp}_t = \sqrt{\frac{1}{N_t} \sum_{i=1}^{N_t} (\text{ChEarn}_{it} - \text{AggChEarn}_t)^2}$$

盈余数据在 Wind 平台上获得。上述操作均剔除数据空缺造成的空值。

三、盈余变化离差数据

为了进一步观察盈余变化离差的数据特征，分别按企业实际控制人性质、是否是劳动密集行业，对数据集进行了划分。本书根据国泰安股票数据库中实际控制人性质划分公有私有企业。实际控制人性质为民营企业及自然人或自治组织的为私有企业，其余为公有企业。员工数数据选自 Wind 平台，将员工数与总资本比值位于前 50% 的企业视为劳动密集型而后 50% 的企业视为非劳动密集型。1994~2016 年盈余变化离差如表 8-2 所示。

表 8-2　　　　　　　　　　1994~2016 年盈余变化离差

年份	盈余变化离差	劳动密集行业离差	非劳动密集行业离差	私有企业离差	公有企业离差
1994	0.0020	0.0389	0.0296	0.0362	0.0336
1995	0.0021	0.0794	0.0603	0.0704	0.0653
1996	0.2882	0.0570	0.0554	0.0493	0.0587
1997	0.0043	0.0670	0.0677	0.0752	0.0603
1998	0.0067	0.0690	0.0922	0.1022	0.0732

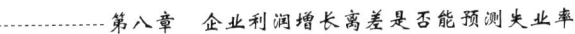

续表

年份	盈余变化离差	劳动密集行业离差	非劳动密集行业离差	私有企业离差	公有企业离差
1999	0.0065	0.0760	0.0822	0.0963	0.0669
2000	0.1115	0.0857	0.0759	0.0927	0.0697
2001	0.0154	0.1243	0.0968	0.1189	0.1035
2002	0.0572	0.3054	0.1301	0.3012	0.1504
2003	0.1426	0.2322	0.3093	0.3884	0.2006
2004	0.0319	0.1400	0.1762	0.2220	0.1184
2005	0.1075	0.1921	0.3551	0.2826	0.3137
2006	0.1886	0.1575	0.9244	1.1314	0.1919
2007	2.4588	0.2404	1.2442	1.4931	0.1962
2008	0.5625	0.2674	1.4425	1.7103	0.2767
2009	1.5921	0.3300	1.1198	1.3015	0.2995
2010	0.3839	0.4020	0.9942	0.5229	0.8561
2011	0.3511	1.0662	1.4008	1.0577	1.0648
2012	0.2343	1.0099	0.2575	0.1956	1.0736
2013	0.3155	0.8577	1.0071	0.7818	0.9026
2014	0.2168	0.5602	0.6396	0.7768	0.1767
2015	0.0955	0.3112	0.1604	0.2975	0.0785
2016	0.0707	0.1531	0.6265	0.5734	0.1907

注：数据剔除了上市公司数据空值及1%的异常值。
资料来源：国泰安股票数据度库。

四、数据描述

图8-1显示了我国1994~2016年城镇真实失业率的变化趋势和特点。

图8-2显示了我国1994~2016年上市公司盈利增长离差的变化趋势。

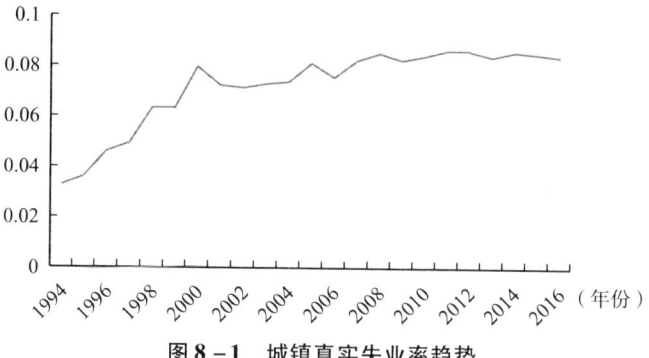

图 8-1 城镇真实失业率趋势

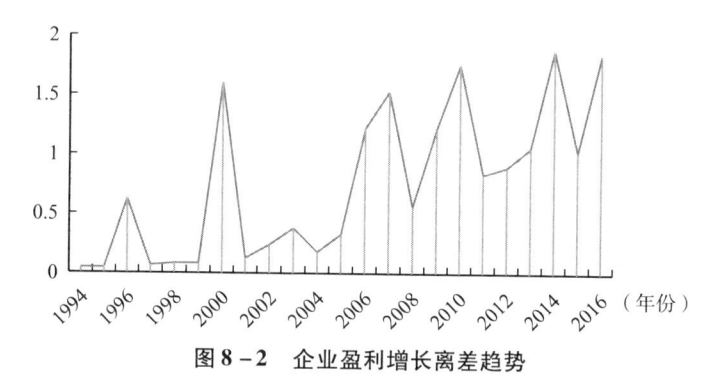

图 8-2 企业盈利增长离差趋势

从图 8-1 和图 8-2 的对比中可以看出，我国 1994~2016 年城镇真实失业率的变化趋势主要分为三个主要阶段。

第一阶段：1994~2000 年。这个阶段利润离差陡峭激增，失业率逐步爬升。这十分鲜明地反映了当时的经济现实。一方面，国际形势不甚明朗，进出口增长缓慢；另一方面，国企负担沉重，下岗潮造成了较大社会经济动荡。在这改革的关键阶段，各项数据并不喜人。

第二阶段：2000~2007 年。这个阶段世界经济不断增长，我国 GDP 增长率也不断攀升，特别是加入世界贸易组织之后。与此同时，利润增长离差在 2005 年前保持低位，2005 年之后激增。此阶段失业率保持平稳，后期有所上扬。

第三阶段：2007~2016 年。这个阶段企业盈利增长离差在高位上下波动，城镇真实失业率不断攀升。

总的来说，失业率与利润增长离差呈正相关关系。

第四节 研究设计

一、变量描述

本书变量定义如表 8-3 所示。

表 8-3　　　　　　　　　　变量描述

变量性质	变量符号	变量名称	变量定义
被解释变量	u	失业率	城镇真实失业率
控制变量	Δgdp	GDP 增长差分	GDP 增长率一阶差分
	Δpub	财政支出差分	中央与地方总财政支出一阶差分
	Δfixin	固定资产投资差分	固定投资与 GDP 比值的一阶差分
解释变量	disp	盈余离差	企业盈余增长离差
	Δdisp_s	公有企业离差差分	公有企业盈余增长离差一阶差分
	Δdisp_p	私有企业离差差分	私有企业盈余增长离差一阶差分
	Δdisp_l	劳动密集企业离差差分	劳动密集企业盈余增长离差一阶差分
	Δdisp_nl	非劳动密集企业离差差分	非劳动密集企业盈余增长离差一阶差分

二、平稳性检验

为了检验数据的时间平稳性,我们使用 Eviews 应用 ADF 检验,结果如表 8-4 所示。

表 8-4　　　　　　　　　　平稳性检验

变量符号	变量名称	ADF 检验 P 值	是否平稳
Δgdp	Gdp 增长差分	0.0002	***
Δpub	财政支出差分	0.0057	***
Δfixin	固定资产投资差分	0.0585	***

续表

变量符号	变量名称	ADF 检验 P 值	是否平稳
disp	盈余离差	0.0007	***
Δdisp_s	公有企业离差差分	0.0249	***
Δdisp_p	私有企业离差差分	0.0000	***
Δdisp_l	劳动密集企业离差差分	0.0018	***
Δdisp_nl	非劳动密集企业离差差分	0.0000	***

注：*** 指在1%的显著性水平上平稳，** 指在5%水平上平稳，* 指在10%上平稳。

可以从表8－4中看出，所有数据均在1%显著性水平上平稳，这意味着我们运用这些变量进行 OLS 回归是有效的，不会产生计量上的问题。

三、模型描述

模型1：

$$U = c + \beta_1 \Delta gdp_{t-1} + \beta_2 \Delta gdp_{t-2} + \beta_3 \Delta pub_{t-1} + \beta_4 \Delta pub_{t-2} + \beta_5 \Delta fixin_{t-1} + \beta_6 \Delta fixin_{t-2} + \beta_7 disp_{t-1} + \beta_8 disp_{t-2} + \varepsilon$$

为了检验假设1，即企业盈利增长离差对失业率是否有预测作用，我们设计了模型1。其中 U 是中国城镇真实失业率，Δgdp_{t-k} 为 GDP 增长率的一阶差分的滞后 K 年项，Δpub_{t-k} 为全国中央与地方财政总支出一阶差分的滞后 k 年项，$\Delta fixin_{t-k}$ 为滞后 k 年的固定投资占 GDP 比重一阶差分。$disp_{t-k}$ 为滞后 k 年的企业盈余增长离差。若 β_7 和 β_8 至少有一个不显著为0，则我们可以接受假设1，企业盈利增长离差对失业率有着预测作用。按照之前的分析，我们预期 β_7 和 β_8 为正，即企业盈余离差与失业率之间成正相关关系。因为高企业盈余离差导致企业间战略的差异化，劳动力从收缩性战略企业转移到扩张性战略企业，这个过程中造成摩擦性失业与结构性失业，失业率上升。

模型1.1：

$$U = c + \beta_1 \Delta gdp_{t-2} + \beta_2 \Delta pub_{t-1} + \beta_3 \Delta fixin_{t-2} + \beta_4 disp_{t-1} + \beta_5 disp_{t-2} + \varepsilon$$

根据模型1的检验结果（见下文），控制变量中 Δgdp_{t-2} 与 Δpub_{t-1} 及 $\Delta fixin_{t-2}$ 回归系数显著，其余控制变量不显著。为进一步验证此三个控制变量是否能完整完成控制任务，我们设计了模型1.1。若回归结果与模型1一致，且 R^2 变动不大，则我们可以认为去掉其余三个控制变量并不影响回归结果。事实证明的确如此（见下文）。

模型 2：

$$U = c + \beta_1 \Delta gdp_{t-2} + \beta_2 \Delta pub_{t-1} + \beta_3 \Delta fixin_{t-2} + \beta_4 \Delta disp\_s_{t-1}$$
$$+ \beta_5 \Delta disp\_s_{t-2} + \beta_6 \Delta disp\_p_{t-1} + \beta_7 \Delta disp\_p_{t-2} + \varepsilon$$

根据模型 1.1 的检验结果（见下文），我们取 Δgdp_{t-2} 与 Δpub_{t-1} 及 $fixin_{t-2}$ 为控制变量，进行假设二的检验。其中 $\Delta disp\_s_{t-k}$ 为滞后 k 期的公有企业盈余增长离差差分，$\Delta disp\_p_{t-k}$ 为滞后 k 期的私有企业盈余增长离差差分。若 β_4、β_5 显著小于 β_6、β_7，则我们可以认为私有企业盈余增长离差比公有企业盈余增长离差更能预测失业率数据。公有企业稳定的天然属性使其在执行收缩性战略时避免过多裁员，因此我们预期公有企业对失业率的影响不如私有企业大。

模型 3：

$$U = c + \beta_1 \Delta gdp_{t-2} + \beta_2 \Delta pub_{t-1} + \beta_3 \Delta fixin_{t-2} + \beta_4 \Delta disp\_l_{t-1}$$
$$+ \beta_5 \Delta disp\_l_{t-2} + \beta_6 \Delta disp\_nl_{t-1} + \beta_7 \Delta disp\_nl_{t-2} + \varepsilon$$

根据模型 1.1 的检验结果（见下文），我们取 Δgdp_{t-2} 与 Δpub_{t-1} 及 $\Delta fixin_{t-2}$ 为控制变量，进行假设三的检验。其中 $\Delta disp\_l_{t-k}$ 为滞后 k 期的劳动密集型企业盈余增长离差差分，$\Delta disp\_nl_{t-k}$ 为滞后 k 期的非劳动密集型企业盈余增长离差差分。若 β_4、β_5 显著大于 β_6、β_7，则我们可以认为劳动密集型企业盈余增长离差比非劳动密集型企业盈余增长离差更能预测失业率数据。劳动密集行业扩张时创造更多劳动岗位，相反，收缩时减少得也更多，这势必造成劳动力资源更剧烈的流动。因此我们预期劳动密集行业对失业率的影响更大。

第五节　实　证　分　析

我们使用 OLS 线性回归对模型进行了检验，检验结果如表 8-5 所示。

表 8-5　　　　　　　　　实证检验结果

变量	模型 1	模型 1.1	模型 2	模型 3
c	0.0632 *** (0.0015)	0.0639 *** (0.0016)	0.0633 *** (0.0018)	0.0631 *** (0.0021)
Δgdp_{t-1}	-0.1716 (0.1193)			

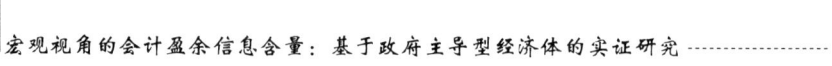

续表

变量	模型1	模型1.1	模型2	模型3
Δgdp_{t-2}	0.3161*** (0.0670)	0.2683*** (0.699)	0.1377 (0.0880)	0.1207 (0.1013)
Δpub_{t-1}	0.6123*** (0.1661)	0.6607*** (0.1496)	0.5980*** (0.1536)	0.6196*** (0.1776)
Δpub_{t-2}	0.0128 (0.156)			
$\Delta fixin_{t-1}$	0.0454 (0.0490)			
$\Delta fixin_{t-2}$	0.3462*** (0.0546)	0.3316*** (0.0369)	0.3745*** (0.0383)	0.3654*** (0.041)
$disp_{t-1}$	0.0048*** (0.0015)	0.0042*** (0.0015)		
$disp_{t-2}$	−0.0036 (0.0023)	−0.0005 (0.0016)		
$\Delta disp\_s_{t-1}$			−0.0007 (0.0052)	
$\Delta disp\_s_{t-2}$			0.0129* (0.0069)	
$\Delta disp\_p_{t-1}$			0.0047 (0.0032)	
$\Delta disp\_p_{t-2}$			0.0078** (0.0032)	
$\Delta disp\_l_{t-1}$				−0.0005 (0.0062)
$\Delta disp\_l_{t-2}$				0.015* (0.0084)
$\Delta disp\_nl_{t-1}$				0.0085 (0.0049)
$\Delta disp\_nl_{t-2}$				0.0079* (0.0039)
N	19	19	19	19
R^2	0.9366	0.8974	0.9058	0.9100
异方差检验P值	0.9204	0.2544	0.5945	0.3574

注：*** 指在1%的显著性水平上平稳，** 指在5%水平上平稳，* 指在10%上平稳。

实证检验结果如表 8-5 所示。从模型 1 来看，6 个控制变量回归系数显著的有 3 个，分别是 Δgdp_{t-2} 和 $\Delta fixin_{t-2}$ 及 Δpub_{t-1}。GDP 增长与固定投资对于就业市场的冲击较慢，因为经济增长需要通过提高投资，进而扩大产能，在行业与行业之间，企业与企业之间相互递进影响，进而扩招员工。这一经济过程反映到人力市场中，不如政府财政支出直接刺激经济来得迅速。故 GDP 增长率差分滞后二阶项与固定资产投资占 GDP 比重差分滞后二阶项对失业率显著，而财政支出差分滞后一阶项对失业率显著是符合经济事实的。为了进一步检验这三个控制变量对失业率的显著影响，及验证去掉剩余三个控制变量是否对回归造成显著影响，我们设计了模型 1.1。从模型 1.1 的结果可以看出，去掉三个控制变量后，其余变量的回归显著性及系数基本保持不变，回归的 R^2 也未显著变小，这显示去掉三个不显著的控制变量不影响回归结果。

从模型 1 及模型 1.1 的结果来看，企业盈余增长离差的一阶滞后项对失业率有显著正相关关系。这支撑了我们的假设 1，高的企业盈余增长离差表明企业经营状况差异较大，扩张性与收缩性企业两极分化，工作岗位与薪酬的分化将促使劳动力在不同企业和行业间的再分配。再分配过程中天然的摩擦促使摩擦性失业与结构性失业上升。

模型 2 检验了假设 2。从它的结果来看公有私有企业盈余增长离差差分的滞后二阶项均与失业率有显著的正相关关系，而滞后一阶项则无显著性关系。同时，私有企业比公有企业对失业率的影响更为显著。这支撑了假设 2，公有企业的劳动力需求因稳定的自然属性而不太敏感。但公有企业的回归系数为 0.0129，大于私有企业回归系数 0.0078。这可能是因为在很长一段时间内，公有企业在我国经济中占较大比例，而且多为资源型或传统制造业等劳动密集行业，故对劳动力市场冲击虽较不敏感，但一旦发生，对失业率的影响会更大。

模型 3 检验了假设 3。从它的结果来看，劳动密集行业盈余增长离差差分的滞后二阶项与非劳动密集行业盈余增长离差差分的滞后二阶项皆与失业率有着显著的正相关关系。而滞后一阶项则无显著关系。这表明，两年前盈余增长离差的提高会对今年失业率的数据有着正向的预测作用。同时，劳动密集行业盈余增长离差差分滞后二阶项的回归系数为 0.015，而非劳动密集行业盈余增长离差差分滞后二阶项的回归系数为 0.0079，小于前者。而劳动密集行业与非劳动密集行业的划分为各取 50%，其总规模相差无几。故劳动密集行业的盈余增长离差对劳动力市场有着更大影响。这支撑了假设3。劳动密集行业企业战略的差异化带来对劳动岗位供需更大的冲击，从而对失业率产生更大影响。

四个回归结果的 R^2 都在0.9左右，表明几个变量较好地解释了失业率变动情况。而所有的异方差检验均无法拒绝同方差假设，表明回归具有优良的同方差性质。

第六节　结　　论

如何将会计信息应用于宏观预测，检验会计信息对宏观数据的相关性，是一个方兴未艾的主题。这个话题有利于帮助政策制定者与宏观预测师更好地使用经济数据。失业率是一个重要的宏观数据，与很多经济状况息息相关，对失业率更深的理解更好地预测有利于政策制定部门提前准备，有利于企业对经济形势的把握。

本章以1993~2016年中国A股上市公司会计信息及其盈余增长离差数据为研究内容，探究这些信息对于城镇真实失业率的预测作用。

首先，根据实证检验结果可以看出，GDP增长与固定投资对于就业市场的冲击较慢。这是因为经济增长需要通过提高投资，扩大产能实现，这一传导效应在行业与行业之间，企业与企业之间相互影响，最终提高企业对人力资源的需求。这一经济过程反映到人力资源市场中，不如政府财政支出直接刺激经济来得迅捷。

其次，实证结果显示企业盈余增长离差的一阶滞后项对失业率有显著正相关关系。高的企业盈余增长离差表明企业经营状况差异较大，扩张性与收缩性企业两极分化，工作岗位与薪酬的分化将促使劳动力在不同企业和行业间的再分配，而在再分配过程中天然的摩擦促使摩擦性失业与结构性失业上升。

最后，研究显示，在控制了经济增长、固定投资、财政支出等控制指标后，上市公司盈余增长离差对于城镇真实失业率有显著的正相关关系。更进一步的研究发现，由于公有企业对劳动力市场冲击较不敏感，导致私有部门对于失业率的影响更为显著；因为劳动密集行业企业战略的差异化带来对劳动岗位供需更大的冲击，所以劳动密集部门比非劳动密集部门对失业率的影响更大。

参 考 文 献

［1］ 姜国华、饶品贵：《宏观经济政策与微观企业行为——拓展会计与财务研究新领域》，载《会计研究》2011 年第 3 期。

［2］ 李双龙、李桂英：《会计环境对会计的影响研究》，载《经济研究导刊》2011 年第 21 期。

［3］ 李连军：《会计制度变迁与政府治理结构》，载《会计研究》2007 年第 6 期。

［4］ 刘明辉、薛清梅：《加入 WTO 后政治环境的变化及对会计制度改革的影响》，载《财务与会计》2004 年第 1 期。

［5］ 陈信元、黄俊：《政府干预、多元化经营与公司业绩》，载《管理世界》2007 年第 1 期。

［6］ 杨治、路江涌、陶志刚：《企业中政府控制的作用：来自集体企业改制的实证研究》，载《管理世界》2009 年第 9 期。

［7］ 孙铮、刘凤委、李增泉：《市场化程度、政府干预与企业债务期限结构——来自我国上市公司的经验证据》，载《经济研究》2005 年第 5 期。

［8］ 潘红波、余明桂：《支持之手、掠夺之手与异地并购》，载《经济研究》2001 年第 9 期。

［9］ 周中胜、陈俊：《大股东资金占用与盈余管理》，载《财贸研究》2006 年第 3 期。

［10］ 杨华军、胡奕明：《制度环境与自由现金流的过度投资》，载《管理世界》2009 年第 9 期。

［11］ 陈晓、李静：《地方政府财政行为在提升上市公司业绩中的作用探析》，载《会计研究》2001 年第 12 期。

［12］ 夏立军、方轶强：《政府控制、治理环境与公司价值——来自中国证券市场的经验证据》，载《经济研究》2005 年第 5 期。

［13］ 周中胜、陈汉文：《会计信息透明度与资源配置效率》，载《会计研究》2008 年第 12 期。

[14] 方军雄、周大伟、罗宏、曾永良：《会计信息与宏观分析师经济预测》，载《中国会计评论》2015年第4期。

[15] 陈晓、陈小悦、刘钊：《A股盈余报告的有用性研究——来自上海、深圳股市的实证证据》，载《经济研究》1999年第6期。

[16] 金智：《新会计准则、会计信息质量与股价同步性》，载《会计研究》2010年第7期。

[17] 周卫华、董昕：《会计盈余、股票指数与经济增长》，载《首都经济贸易大学学报》2016年第3期。

[18] 罗宏、曾永良、方军雄、周大伟：《会计信息的宏观预测价值：基于中国制度环境的研究》，载《会计研究》2016年第4期。

[19] 唐松、吴秋君、孙铮：《会计盈余能预测未来GDP增长率吗?》，载《中国会计评论》2015年第3期。

[20] 朱茶芬、李志文：《政府干预和会计盈余质量的关系研究——来自A股上市公司的经验证据》，载《商业经济与管理》2009年第6期。

[21] 姜英兵、严婷：《制度环境对会计准则执行的影响研究》，载《会计研究》2012年第4期。

[22] 陈德球、李思飞、王丛：《政府质量、终极产权与公司现金持有》，载《管理世界》2011年第11期。

[23] 曾庆生、陈信元：《国家控股、超额雇员与劳动力成本》，载《经济研究》2006年第5期。

[24] 韩旺红、中南财经政法大学金融学院投资系课题组：《我国固定资产投资总量与投资率问题研究》，银行与投资——中国投资学会2005~2006年度获奖科研课题选编，2005年6月。

[25] 白重恩、张琼：《中国的资本回报率及其影响因素分析》，载《世界经济》2014年第10期。

[26] 李同宁：《中国投资率与投资效率的国际比较及启示》，载《亚太经济》2008年第2期。

[27] 李稻葵、徐欣、江红平：《中国经济国民投资率的福利经济学分析》，载《经济研究》2012年第9期。

[28] 吴海英、余永定：《中国经济转型中的投资率问题》，载《金融评论》2015年第6期。

[29] 刘慧勇：《我国投资率问题研究》，载《武汉金融》2006年第3期。

[30] 王秋石、王一新:《中国投资率真的那么高吗?》,载《经济学家》2014年第8期。

[31] 姚枝仲:《中国的高投资率问题》,载《国际经济评论》2004年第5期。

[32] 杨飞虎:《我国经济运行中的高投资率问题探讨》,载《金融与经济》2007年第6期。

[33] 孙文凯、肖耿、杨秀科:《投资回报率对投资率的影响:中美日对比数据》,载《世界经济》2010年第6期。

[34] 刘慧勇:《我国投资率剖析》,载《中国投资》2012年第9期。

[35] 陈林、朱卫平:《出口退税和创新补贴政策效应研究》,载《经济研究》2008年第11期。

[36] 解维敏、唐清泉、陆姗姗:《政府R&D资助,企业R&D支出与自主创新——来自中国上市公司的经验证据》,载《金融研究》2009年第6期。

[37] 顾元媛、沈坤荣:《地方政府行为与企业研发投入——基于中国省际面板数据的实证分析》,载《中国工业经济》2012年第10期。

[38] 郝颖、刘星:《政府干预、资本投向与结构效率》,载《管理科学学报》,2011年第14期。

[39] 陈昆玉:《创新型企业的创新活动、股权结构与经营业绩——来自中国A股市场的经验证据》,载《产业经济研究》2010年第4期。

[40] 武献华:《关于固定资产投资率指标的探讨》,载《统计研究》1997年第1期。

[41] 雷辉:《我国投资大幅波动的原因分析》,载《经济研究参考》2009年第60期。

[42] 张军:《中国的投资率到底有多高》,载《经济资料译丛》2014年第4期。

[43] 陈彦斌、唐诗磊:《信心、动物精神与中国宏观经济波动》,载《金融研究》2009年第9期。

[44] 潘建成、唐诗磊:《信心如何影响中国通货膨胀》,载《统计研究》2010年第10期。

[45] 何安妮、唐文琳:《企业家信心与经济增长相关性研究》,载《学术论坛》2016年第1期。

[46] 蔡卫星、高明华:《政府支持、制度环境与企业家信心》,载

《北京工商大学学报》2013年第5期。

[47] 方晶晶、黄桂芬、邢振祥：《经济增长与就业的数量关系——论"奥肯定律"在中国》，载《科技与管理》2004年第3期。

[48] 胡鞍钢：《中国就业状况分析》，载《管理世界》1997年第3期。

[49] 蔡昉、都阳、高文书：《就业弹性、自然失业和宏观经济政策——为什么经济增长没有带来显性就业？》，载《经济研究》2004年第9期。

[50] 刘键、蓝文永、徐荣华：《对我国经济增长与就业增长非一致性的探讨分析》，载《宏观经济研究》2009年第3期。

[51] 李俊锋、王代敬、宋小军：《经济增长与就业增长的关系研究——两者相关性的重新判定》，载《中国软科学》2005年第1期。

[52] 张晓旭：《中国就业增长与产业结构变迁关系的考量》，载《统计与决策》2007年第24期。

[53] 李丽莎：《从产业结构研究经济增长对就业的贡献——探析我国就业弹性偏低的原因》，载《企业经济》2010年第12期。

[54] 胡学勤、陆万军：《我国经济增长中就业效应不足问题的成因及对策》，载《经济纵横》2009年第6期。

[55] 易先桥、李晓琼：《基于非均衡经济增长视角下的就业增长率》，载《特区经济》2006年第5期。

[56] 马晓君：《分析GDP和能源、就业与消费价格指数增长率之间的关系》，载《统计教育》2004年第6期。

[57] 龚玉全：《中国经济增长与就业增长的非一致性及其形成机理》，载《经济学动态》2002年第10期。

[58] 刘峰：《中国经济增长与就业关系研究》，载《科学与管理》2006年第6期。

[59] 陈桢：《经济增长与就业增长关系的实证研究》，载《经济学家》2008年第2期。

[60] 李国璋、成静：《我国三次产业就业增长率影响因素分析》，载《工业技术经济》2009年第5期。

[61] 王忠：《劳动生产率增长与就业增长替代关系研究》，载《中国社会科学院研究生院学报》2011年第5期。

[62] 马弘、乔雪、徐嫄：《中国制造业的就业创造与就业消失》，载《经济研究》2013年第12期。

[63] 陆铭、欧海军：《高增长与低就业：政府干预与就业弹性的经验研究》，载《世界经济》2011年第12期。

[64] 刘玉廷、王鹏、薛杰：《企业会计准则实施的经济效果——基于上市公司2009年年度财务报告的分析》，载《会计研究》2010年第6期。

[65] 孙霄翀、高峰、马菁蕴、崔文迂：《上证综指脱离中国经济吗？——兼论如何改进上证综指》，载《金融研究》2007年第9期。

[66] 钱小英：《我国失业率的特征及其影响因素分析》，载《经济研究》1998年第10期。

[67] 袁志刚、高虹：《中国城市制造业就业对服务业就业的乘数效应》，载《经济研究》2015年第7期。

[68] 林毅夫、李志赟：《政策性负担、道德风险与预算软约束》，载《经济研究》2004年第2期。

[69] 程连升：《中国五十年反失业政策研究（1949-1999）》，中国社会科学院研究生院学位论文，2000年。

[70] 熊祖辕、喻东：《中国失业问题的简便测量》，载《统计研究》2004年第7期。

[71] 郝翌：《基于MIMIC模型的中国城镇真实失业率的测度》，北京交通大学学位论文，2016年。

[72] Shivakumar, L.. Aggregate earnings, stock market returns and macroeconomic activity. Journal of Accounting and Economics, No. 44, 2007, pp. 64 – 73.

[73] Bonsall, S., Z. Bozanic, and P. Fischer. What Do Management Earnings Forecasts Convey About the Macroeconomy? Journal of Accounting Research, Vol. 51, No. 2, May 2013, pp. 225 – 226.

[74] Ball. R and P. Brown. An empirical evalution of accounting income numbers, Journal of Accounting Research, Vol. 6, No. 2, October 1968, pp. 159 – 178.

[75] Kothari, S. P., Lewellen, J., Warner, J. B.. Stock Returns, Aggregate Earnings Surprises, and Behavioral Finance. Journal of Financial Economics, Vol. 79, No. 3, February 2006, pp. 537 – 568.

[76] Ball, R., Sadka, G., Sadka, R. Aggregate earnings and asset prices. Journal of Accounting Research, Vol. 47, No. 5, December 2009,

pp. 1097 – 1133.

［77］Xanthi Gkougkousi. Aggregate Earnings and Corporate Bond Markets. Journal of Accounting Research, Vol. 52, No. 1, 2014.

［78］Cready, W. M. , & Gurun, U. G. Aggregate market reaction to earnings announcements. Journal of Accounting Research, Vol. 48, No. 2, 2010, pp. 289 – 334.

［79］David A. Guenther, Danqing Young. The association between financial accounting measures and real economic activity: a multinational study. Journal of Accounting and Economics, Vol. 29, No. 1, 2022.

［80］April Klein, Carol A. Marquardt. Fundamentals of Accounting Losses. Vol. 81, No. 1, 2006, pp. 179 – 206.

［81］Gallo L. , R. N. Hann and C. Li. Aggregate Earnings Surprises, Monetary Policy and Stock Returns. SSRN Electronic Journal, 2013.

［82］Andrei Shleifer, Robert W. Vishny. Politicians and Firms. Vol. 109, No. 4, 1994, pp. 995 – 1025.

［83］Ming Jian, T. J. Wong. Propping through related party transactions. Review of Accounting Studies, Vol. 15, No. 1, 2010, pp. 70 – 105

［84］Yaniv Konchitchki, Panos N. Patatoukas. Accounting Earnings and Gross Domestic Product, Journal of Accounting and Economics, Vol. 57, No. 1, February 2014, pp. 76 – 88.

［85］Fischer, S. , Merton, R. C. . Macroeconomics and finance: the role of-the stock market. NBER working paper series, No. 1291, 1984.

［86］Bureau of Economic Analysis. 2004. Corporate profits in the GDP accounts. United States Department of Commerce, Economics and Statistics Administration, Bureau of Economic Analysis. BEA Paper Series, No. 0040.

［87］Patricia M. Dechow, S. P. Kothari, Ross L. Watts. The relation between earnings and cash flow. Journal of Accounting and Economics, Vol. 25, No. 2.

［88］Fama, E. F. . Stock returns, real activity, inflation, and money. The American Economic Review, Vol. 71, No. 4, 1981, pp. 545 – 565.

［89］Franco Modigliani, Richard A. Cohn. Inflation, Rational Valuation and the Market. Vol. 35, No. 2, 1979, pp. 24 – 44.

［90］Tarun Chordia, Lakshmanan Shivakumar, Inflation Illusion and Post –

Earnings - Announcement Drift. Journal of Accounting Research, Vol. 43, No. 4, 2005.

[91] S. P. Kothari. Lakshmanan Shivakumar and Oktay Urcan, Aggregate Earnings Surprises and Inflation Forecasts, working paper, 2013, MIT and London Business School.

[92] Yaniv Konchitchki, Panos N. Patatoukas. Accounting earnings and gross domestic product. Journal of Accounting and Economics, Vol. 57, No. 1, 2014, pp. 76 - 88.

[93] Nallareddy, S., Ogneva, M.. Predicting Restatements in Macroeconomic Indicators using Accounting Information. Accounting Review, Vol. 92, No. 2, Mar 2017, pp. 151 - 182.

[94] Bjorn Jorgensen, Jing Li, Gil Sadka. Earnings dispersion and aggregate stock returns. Journal of Accounting and Economics, Vol. 53, No. 1 - 2, 2012.